第二章　倫理道徳の根拠とその意味……95

1 少年非行と方向喪失　96
2 武士道と民主主義　102
3 〈貴族〉と〈賤民《せんみん》〉、今日の対峙《たいじ》の構造　106
4 いわゆる「進化」――心の目覚めていく過程　113
5 宇宙は方向性を持つ――自己中心性からの脱却　118
6 物質の原理＝〈憎しみ〉と生命の原理＝〈愛〉　124
7 自由意志の意味　132
8 有機的知識、「知徳」という不可分のもの　138
9 宗教、芸術、教育、治療――その一　144
10 宗教、芸術、教育、治療――その二　149
11 健康とは何か、病気とは何か　157
12 心の晴れることを目指す心の普遍性　163
13 個人の病と世界の病、心の規模ということ　168

第三章　人間的・「人間学」的事実としての〈神〉…… 179
1　何が〈神〉の受容を妨げているか　180
2　方向性としての〈神〉　187
3　神の実在ということの意味　192
4　〈愛〉――最も尊くかつ最も蔑《さげす》まれているもの　199
5　なぜ人は〈愛〉より〈憎しみ〉を選ぼうとするか　201
6　本来の〈愛〉とは何か　208
7　他者との闘争から自分との闘争へ　215
8　宇宙的〈愛〉を象《かたど》るものとしての性愛　222
9　根源に立つ者の責任感と誇り――家庭の〈イデア〉　231
10　能動的想像力と永遠の生命　236
11　心理学からのサポート――至高体験　242
12　いわゆる「超感覚（世界）」は存在するか　252
注…… 260　　あとがき…… 268

善く生きる◆「人間学」の基礎と倫理の根拠

霊性的事実というのは、宗教的ではあるが、神秘的なるものではない。元来、人が宗教を神秘的と考えること、そのことが誤りである。科学的知識というものも、この立場によって基礎附けられるのである。科学的知識は、単に抽象的意識的自己の立場から成立するのではない。私がかつて論じた如く、身体的自己の自覚の立場から成立するのである。宗教的意識というのは、我々の生命の根本的事実として、学問、道徳の基でもなければならない。宗教心というのは、特殊の人の占有ではなくして、すべての人の心の底に潜むものでなければならない。ここに気附かざる者は、哲学者ともなり得ない。

——西田幾多郎「場所的論理と宗教的世界観」

我々の歴史的身体は歴史的生命の世界から生まれるものであり、我々の当為は逆に歴史的生命の自己形成の要求でなければならない。

——同「論理と生命」

序章

唯物論の克服——正しい人間解釈を求めて

唯物論的な精神風土

何のために私はこの本を書くのか、何を訴えようとしているのか、何が私を駆り立ててこんな本を書かせるのか、ということについて、およその見当を読者につけていただくために、最初にはっきり述べておいたほうがよいと思われることがある。それは唯物《ゆいぶつ》思想というものが本書では終始一貫して批判の対象となっているということである。唯物思想とおおまかに呼ぶことのできる無意識の、根深い精神構造を克服しない限り、今の世界の閉塞状況を打開するすべはなく、まして未来世界の建設など望むべくもないというのが、九年前『意識の再編――宗教・科学・芸術の統一理論を求めて』（勁草書房、一九九二）という一書を世に問うて以来、機会を与えられるごとに書き、あるいは話してきたことすべての根底にある私の主張であり確信である。

唯物思想とは何であるか。それは存在の基底にモノを想定する思想だとだけ言っておこう。それ以上ここでは立ち入らない。その考察が本書の主要部分をなすはずだからである。「唯物論研究会」などというビラが大学の構内に今はもう見られなくなったように、唯物論者を正面から自称することを人々は憚《はばか》るようになったかもしれない。しかし、いわばこれは地下に潜《もぐ》ったのであって、広い意味での左翼的・唯物論的精神構造の持ち主は依然として多いどころか、むしろ主流を占めるといってよいだろう。だがそのほとんどが、自分でそれを自覚していない無自覚の唯物論者だといってよかろう。私は唯物論的な心の習癖が、我々自身と我々の住む世界を、偏狭な暗い空間に閉じ込めるだけで、将来への何の展望をも与えるものでないことを示したいと思う。ただ昔からそうであったように、戦闘的な唯物論者というものは依然として存在する。そういう人々にとってそれは一つの信仰であって、彼らはいわば自分の聖域に対する侮辱を許すことができないのであろうと、私は多少の経験を通じて考えるようになった。

私が本書で述べようとすることを、比較的抵抗なく受け入れてくれる人々もあるだろうが、おそらく大多数の人々が受け入れるのにかなりの困難を感ずるであろう。二十一世紀は「心の時代」になるだろうと少なからぬ人々が言っている。私もそう考える。しかし人はどのような意味合いでそう言うのであろうか。おそらく、今まであまりに物質的豊かさばかりを追求してきたので、今からはもっと心の豊かさということが強調されなければならない、またそういう時代になるだろう、ということではなかろうか。私は単にそれだけのことを主張するためなら、こんな著作を企てたりしない。私の目的は、現代社会に最も支配的な、しかし人々が気付かないでいるおのれ自身の唯物論的な精神構造を自覚させ、自省させ、改めさせようとするところにある。人はこれを不敵な企てと思うかもしれない。しかしどう思われようとはっきり言えることは、基本的な精神構造がこのままで、つまり基本的に唯物論的な世界解釈をこのままにしておいて、その上に「心の世界」などを構築しようとしても、それはほとんど無意味だということである。モノとココロの適当なバランス、などという安直な問題ではないのである。「心の教育」というような政治家からの提言が、いかに切実でその真剣さを疑うことはできないとしても、どこかむなしい響きを持つのは、この基本的な精神構造の問題が横たわるからである。同様に、基本的に唯物論的な新聞などが「心のページ」などというものを設けても、やはり偽善的に響くだけである。

正しい人間解釈というものはあるか

したがって本書は、いわゆる「パラダイム」、すなわち基本的なものの考え方の枠組みということに深くかかわることになる。私は学問的であることを心がけるけれども、ただこれは決して当世流の理論構築遊びのたぐいではないと言っておきたい。私はこれを世直しの問題あるいは意識改革の問題として提起するのである。「パラダイム・シフト」と言われるような考え方の激変には苦痛が伴うであろう。物理学の内部でさえ、現代物理学の新しい考え方になじむのは難しいのだと言われる。ちょうど有名なプラトンの「洞窟の比喩」の中で、壁に向かって坐るように慣らされていた囚人たちが縛《いまし》めを解かれて、光の来る後方を向くように強いられれば苦痛を覚えるほかないように、ある人々には私の言うことは受け入れがたいことに思えるかもしれない。しかしそれは私からみれば、あまりにも今の我々の通念ないし常識が一方的な偏頗《へんぱ》なものであるからに過ぎない。

したがって必然的に本書は、この世界とこの世界に生きる人間という存在を、そもそもどう捉えるかという根本的な世界解釈あるいは人間解釈の作業から始めなければならないことになる。正しい人間解釈というものが存在しなければならないと私は思う。正しい人間解釈などと言えば、独りよがりだとか、押しつけがましいとか言われるであろう。解釈である以上「正しい」などという言葉は使えないはずだとも言われるかもしれない。確かに人間とは何かに答えることは、数学の問題に答えることとは違う。けれども、人間というものの解釈に恣意《しい》性や相対性が許容される余地は全くないと私は思う。それに我々が正しいと合意することのできる人間解釈がともかくもなければ、我々がこの世に滞在する数十年の方針の立ちようがあるまい。政治も教育も倫理道徳も、その他もろもろの人間的営為の方針が立たないだろう。正しい人間哲学というべきものが、仮説的にでも存在しなければならないのである。道標も何もない砂漠の中で、方向などかまわずとにかく死ぬまで歩けと言われても、我々はそういうことに耐えられない存在である。人生は多義的なものなのだから一つの解釈に賭けるのはやめよう、などといかにも物分かりのよさそうなことを言っている間に人生は終わってしまうのである。私は価値の絶対性というものを信ずる。生きる知恵の普遍性を信ずる。

　このことは一方において、人生に対する、人間存在に対する徹底して冷静な見方を要求する。理性的な人間なら、無方針・無原則に生きることを退けると同時に、狂信者として生きることをも退けるだろう。私は本書においてそのようなクールな、学問的な態度を貫いたつもりである。読者の判断はともかく、私は本書を学術書として提供するつもりである。とはいってもそれは厳密な論証を心がけるということであって、そもそも人間学などというものの概念が定着しているわけではないのだから、もちろんその分野の専門書というような意味ではない。

それでも「人間学」という名称を私は主張したいのである。従って私はこれに鉤括弧《かぎ》をつけることにする。わが国のいくつかの大学に人間学部や人間学科は確かにあるが、経済学や物理学のように人間学という受け入れられた学問の分野があるわけではない。しかし私個人の内部に、「人間学」と名づけたい一つの体系が、時間をかけて徐々に出来上がってきたのである。そしてありていに言えば、すべての論著の目的がおそらくそうであるように、私は他人だけでなく自分を納得させるためにも、これを筋道を立てて論述してみたいという抗し難い気持ちを持つに至ったのである。

倫理道徳の根拠

ところで本書の書名とした『善く生きる』はプラトンの言葉から借りたものだが、これは便宜的な呼称にすぎない。本書の本来のタイトルはサブタイトルとした『「人間学」の基礎と倫理の根拠』であるので、これについて一言しておきたい。「人間学」の基礎とは、「人間学」の理念の基礎固めというつもりであり、それが私の内部で倫理の根拠ということに最も大きくかかわっているから、こういう題を選んだ。倫理道徳の根拠は、超越者を持ち出す以前に、この「人間学」の学的体系から自然に導き出されるではないか、という意味をこめたつもりである。しかし題はどんな題をつけても、内容を的確に言い表すことはできない。私の「人間学」は独自の体系を持っているつもりだから、英訳すれば、human science でもなく、human studies でもなく、さりとて philosophical anthropology は長ったらしく、さしずめ humanology という造語によるほかはなかろうと考えている。

実は最初は「倫理の自然学的基礎」という題を考えていた。「自然学的」は「ナチュラリスティック」のつもりだが日本語として熟さないので結局やめることにしたが、これは、超自然学的でない、超越論的でない、という意味である。これを「自然科学的」とか「科学的」とかするわけにはいかない。近代科学とは唯物論的前提に立つものだからである。かといって、最初から倫理の根拠を超越的次元に置くということ、超越者すなわち神を倫理道徳の根拠とするということは、信仰者はともかく、宗教的次元を論証の中に持ち込むことを頑《かたく》なに拒否する現代人の思考習慣を逆撫《さかな》でするであろう。そこで私は、超越論的次元を取り込むことなしに、「自然」に、倫理道徳の普遍的・必然的な根拠を論証することができるのではないかということに考え至ったのである。要するに、宗教を拒否する近代人でも納得できるはずの倫理の根拠が、私の「人間学」によって可能になるであろうということである。このことを言っておけば、読者におおよその私のアイデアを示すことができるのではないかと思う。

それでも私は〈神〉という概念を仮説的に用いなければならない。読者はそれを見て、それのみを根拠に、本書を放り出すような性急なことはしないでほしいのである（私がそんな念を押すのは多少のこれまでの経験からである）。すべて言葉というものは、とりあえずそう言っておくという形でしか使えないものである。本書が企てるような論述の場合にはなおさらそうである。しかし本書の論考全体が、私の言う〈神〉の概念を読者に自然に受け入れさせることができないとすれば、それは私の論証力の不足のせいである。〈神〉の概念については独立した一章を設けなければならない。これは避けられないことである。（西田幾多郎という人も、自分は哲学者であって宗教の立場とは一線を画すると言いながら、〈神〉という概念を随所に用いざるをえなかった）

むろんこれは私流の信仰の書だとも言える。私流の信仰と信念が根底にあると言っておかなければならない。（〈信仰〉についても、とりあえずそう言っておく）。それがなければ、そもそもこんな論述を企てたりしない。信仰あるいは情熱から出発しないような書は、書くにも読むにも値しないと私は思う。しかし論証ということはまた別の問題である。直観的に見通していることであっても、それを万人に納得させるためには、筋道を立てて客観的に地道に論証しなければならない。そしてその万人の中には自分自身も入るのである。幾何学の証明と同じである。芸術作品の分析でも同じであろう。あとは私の論証能力の問題であって、これは私自身が判断することではない。

第一章

「人間学」の基礎作りのために

1　人間存在をどう解釈するか――能動的解釈ということ

「欠けている」という不安

「人間存在をどう解釈するか」などと言えば、それは「世界をどう解釈するか」というのとほぼ同義であって、非現実的で迂遠《うえん》な哲学の問いとも、無意味な問いとも思われるであろう。だから人は一般に、そういう問いを最初から問おうとしないか、そんな大問題を問うことを気恥ずかしい趣味の悪いことのように思うか、それとも専門の哲学者に任せておけばよいと思うか、いずれかなのである。しかしよく考えてみるならば、何らかの人間解釈の上に立つことなしには、国の政治から一個人の生活行動にいたるまで、何一つ方針というものが立たず、生きる方向というものが見えてこないはずなのである。別にそんなことを問題にしなくても、支障なく生活はできていると主張する人は、その場限りの方針のことを言っているのであり、それはその日暮らしと言ってよいものである。

その日暮らしとは、その時々に生ずる必要や要求を満たしながら生きることの謂《い》いである。今日大多数の人々が、方向も目的もないそのような生き方を当たり前のこととして、ともかくみんなが満足できれば（というのは、平等精神だけは浸透しているから）それでよいと思うようになっている。

しかしそうは言いながら、おそらく大多数の人々が心のどこかで、何か我々の生活に欠けているものがあると感じてもいるであろう。何がそうさせるのか。何がそういう不安を抱かせるのか。それは我々がその日暮らしをするようにできていないからではないか。だが、いっときそのように感ずることはあっても、またしても安逸な、流される生活に戻ろうとするのは、人間哲学というべきものが欠けているからであり、これを人間存在の基本的あり方の自覚が欠けていると言ってよいだろう。しかし大多数の人々は欠けているものが何であるかを知らないのである。現代人の不幸は、哲学という最も自分に必要不可欠なものを、最も自分に縁のないものと考えていることだと言ってもよい。もっとも「哲学」という呼び方は人を尻込みさせる。哲学とは、変わり者の大学教授などが専門にしている特殊な学問のことだと一般には思われている。そうではないのである。そうでないことを示すのが本書の一つの目的でもある。

人間は動物と違って、ただ生きていけばよいというものではない。「そんな説教じみたことは聞きたくもない、人に迷惑をかけさえしなければどんな生き方をしようと自由ではないか」と言う人があるかもしれないが、それならその自由を突きつめる思想がなければならない。あるいは人間は無意味な存在であるとか、サルトル流に「人間は無益な受難である」というつもりなら、その根拠を示さなければならない。いずれにせよ生き方の根拠たる哲学がなければならない。そしてその哲学に対して責任を負わなければならない。なぜなら、我々がここにいるのはせいぜい百年足らずで、繰り返すことも引き返すこともできない。パスカルが言ったように、人生は賭けであるよりほかはない。賭けは間違うかもしれない。けれども間違わないための努力だけはしなければなるまい。その努力をさえ否定することはできないはずである。

怠惰とまどろみ

しかし一般に人がそういう努力をしたがらないのはなぜだろうか。それは怠惰のためだと言ってよいだろう。では怠惰とは何か。それは与えられたものをそのまま受け取るということを意味する。与えられたものとはこの場合、自分の生きるこの現実世界そのもののことである。もっと厳密に言えば、自分の生きる現実世界についての解釈である。大多数の人々は、自分の生きるこの現実世界についての、誰か他人の解釈をそのまま考えもせず受け入れて、いわば他人まかせに自分の人生を生きているのである。

「しかし」と、そのような人々は問い返すであろう、「この世を解釈する必要などあるのか、この世は自然科学者によって解明されてきた通りのもので、我々の主観的解釈など受け入れるものではなかろう。我々がいなくなってもこの世界はこのままに違いない」。それに対して私は、そのような見方がすでに一つの解釈であり、しかも硬直した、その上借り物の解釈であると言おう。借り物の見方といっても、誰か貸し主を特定できるわけではない。歴史的偏向と社会的圧力による偏見という意味である。ある特定の世界観を強いられながら、自分でそうとは気づかないということ、これを怠惰ともまどろみとも言ってよいのである。我々は何らかの解釈の上に生きているのである。

解釈なしに生きることはできないのである。

それがどういうことであるかを理解する一助として、我々の生きる宇宙現実と芸術作品とのあいだには、きわめて近い類縁関係が成り立つということを、ここで指摘しておきたい。この宇宙現実も芸術作品も、見る人の解釈に応じて、つまり見る人の品性や洞察力や共感力、想像力に応じて、高貴にも見えれば、くだらぬものにも見えれば、ただの物理的対象にも見える。私はこのことを前著『意識の再編』で詳しく論じた。(1)一篇のゲーテの詩は、還元すればアルファベットの集合であり、もっと還元すれば紙の上のインクのシミにすぎない。そしてそれが否定できぬ事実である以上、ゲーテの詩をそのようなものとして見る還元主義者を咎《とが》めることは全くできないのである。この類似性は宇宙現実と生命体とのあいだにも成立する。(2)我々人間は還元すれば細胞の集合に過ぎず、『利己的な遺伝子』のリチャード・ドーキンスに言わせれば、「遺伝子の乗り物」にすぎないことにもなる。

我々の生きるこの宇宙も、芸術作品や生命体が生きているように生きていると言わねばならない。少なくとも死物ではない。解釈の余地などなく、宇宙は人間を離れて客観的に存在すると主張する人々は、宇宙のモノとしての側面、物理的側面だけを見ているにすぎない。確かにそれも一つの見方の選択すなわち解釈である。しかし人格をもった一人の人間を、たとえば医学的データの集積とみなすことを、不当でもあり人間に対する侮辱でもあると主張するのは愚かなことだろうか。もしそれが愚かなことでないとすれば、我々の生きるこの宇宙を単なる数値や機械論で理解することを、宇宙に対して不当でもあり侮辱でもあると感ずる感覚も、正当なものとされなければならない。これを何か特別で異常な、特別に「宗教的」な感覚のように思ってはならないのである。芸術作品に感動して涙を流す人は異常者ではない。崇高とか畏敬の念を何か異常なもののように思い、これを何かわかりやすいもの（例えばヒステリー）に還元して安心したり得意がったりするという、この卑しい習癖を正すところから、我々は始めなければならないのである。

科学主義的イデオロギー

この民主主義的近代人の卑しい品性、自分より高い精神性を持ったものを自分のレベルにまで引き下げて安心したりする卑しい品性が、科学や還元主義や機械論と手を結んだのである。近代人のこの習性は、それが「実証的」で、事実としての確実さを保証するようにみえるために、ますます「わが意を得た」のである。我々は、お互いに相手を医学的データの集積に還元することによって、確実さと安心と平等を手に入れる方法を学んだのである。こんなうれしいことはなかった。このやり方で世界を一気に解釈し尽くさないという手はなかった。そうしてついに神をも民主化してしまった……。これはニーチェ流の言い方であるが、大多数の現代人が無自覚に抱いている民主主義的・科学主義的世界観の、これがおおまかな素描であるといってよいだろう（科学主義 scientism とは科学 science と区別された科学信仰のことである）。

これは科学主義的イデオロギーといってよいものである。マルクス主義にせよ、ダーウィニズムにせよ、イデオロギーというものはすべて、おそらくは九〇パーセントまでが情念、残りの一〇パーセントがそれを支える理屈（理論）であろうから、まず我々は自分の感情的たけだけしさ、つまり思い上がりを抑制するところから始めなければならないのである。すなわち虚心に「原点」に還るということ、偏見を取り除く努力をしてみるということが肝要なのである。自らの立場を「括弧に入れてみる」という余裕と度量がまず要求されるのである。これが本当の学知の始まりでもある。

文学作品がそうであるのと同様に、我々の生きるこの宇宙現実も、解釈する我々がいて初めて実体性を持つことができる。我々がいなければそれは無である。読む我々を離れて一つの文学作品が実体性をもつということはない。読む者がいなければ、それは活字の印刷された紙を綴《と》じたものに過ぎない。それを文学作品とは呼ばない。文学作品は著者と読者の協力・合作という形でしか存在することはできない。生まれてきたから仕方なく生きる、受動的に生きる、というのは我々自身の登場する作品を読まないか、読んでも機械的に活字を追うのに相当するだろう。人間のイデオロギー的解釈に従って生きるというのは、作品をろくに読まず他人の解説文を読んで済ますのに当たる。それでは自分の人生を他人事のように生きることになる。

倫理道徳の観念、人間としての責任感というものが、日本に限らず、先進国一般の現象として次第に希薄になっていくのはなぜか。そういうことに対する危機感を煽《あお》り立てる警世家は多いが、有効な解決策を提示できないでいるというのが実情である。その問題の根がどこにあるのかを探るのが本書の究極の目的である。「自分の人生を他人事のように生きる」という言い方が、現代人の生き方をほぼ正確に言い表しているとすれば、「人を殺すというのはどういうものか体験してみたかった」と言った十七歳の殺人少年は、現代人一般の心理の深層を、かなりうまく言い当てているのかもしれない。我々の悲劇は、自分が生きることに参加しているという現実感を奪われていることである。人生に参加するということ、言い換えれば能動的に生きるとはどういうことなのか。このことの徹底的な考察もまた本書の目的である。我々は平和運動に参加するとか、国家運営に参加する、といった言い方はするが、肝心の「人生に参加する」という参加の次元を忘れているのである。

2　「人間学」はいかなる学であるべきか

数量化・対象化の誘惑

先にものべたように、大学に人間学部や人間学科はあっても、「人間学」という認められた学問分野は今のところ存在していないといってよい。私はこれを「厳密な学」とまでは言わないにしても、やはり「学」としての基礎を固める必要があると思う。

ところで「学」といえば、すべてを対象化して客観的に取り扱うものという了解が我々の中に根強く存在する。学問の、あるいは学問する者の誇りというものが、そこにあった、またはある、と考えてよい。けれどもすでに、「芸術学」とか「宗教学」といったものにおいて、そういう姿勢が核心に踏み込む方法としては不十分であるように、「人間学」にとって、そういう方法が十全のものでありえないのは明らかである。人間が、あたかも自分が人間でないかのように、人間を「俎上《そじょう》にのせる」ことはできる。それによって明らかにしうる部分も少なくないであろう。のみならず先にも述べたように、例えば人間を医学的・生物学的なデータの集合として捉えることは、我々にとってきわめて大きな魅力を持つ。なぜなら我々はそれによって、確かさと安心感と平等感とを一挙に手にするからである。数値や記号によるデータほど確かで客観的なものはない。のみならずそれは曖昧を許さぬことによって我々を安心させ、人間はすべて平等という民主主義精神をも援護することになる。

しかし、少し考えてみればわかるように、この確実さや客観的明証性やそこからくる安心感は、人間のもつ個性や高い精神性といった側面の犠牲の上において得られるものであるのは確かである。人間を人間らしくしているものは、人間の動物的側面でもなく、人間の物質的側面でもなく、人間の人間的側面、すなわち人間を人間より以下のレベルに引き下げることを拒む部分によってである。言い換えれば、物量化や対象化を拒む部分によってである。したがって「人間学」は、物量化や対象化によって得られる知的満足をきっぱり諦めるところから出発しなければならない。

しかしそれでは、近代的学問のもつ魅力の大半を放棄することになるではないか、近代的学問の真髄とは、形のないものに何らかの形を与え、把握しにくいものを把握可能にすることからくる知的満足にあるのではないか、と言われもしよう。確かに、近代的学問の多くは、多かれ少なかれ、物理学、特にニュートン物理学の成功にあやかろうとし、そこに範を求めることによって少なからぬ成功を収めてきたと言えるであろう。人間をもそのような方法によって捉えようとする誘惑はきわめて大きく、しかもその方法による成果も小さくはないであろう。けれども、そこには大きな危険が潜みはしないだろうか。科学が成功すればするほど、科学の方法によって捉えられないもの、つまり科学という網の目に引っかかってこないものは無意味なものだ、いや存在しないのだ、という結論を我々は導き出しがちである。これはまさに人間学の自殺と言ってよい。のみならず、そのような人間観からくる悲劇を現代人は身をもって体験してきたのである。人間を唯物論的に解釈することの恐ろしさを、唯物論を国是として崩壊したソ連や残存する共産圏の実態から、我々はいやというほど思い知らされたのではなかったか。

人間＝「開かれた神秘」

科学的方法によって捉えられた人間的事実が人間的事実のすべてだと思い込む錯覚を、まず振り捨てるところから出発しなければならない。そもそも、対象化や数量化による現実把握の与える満足だけが、我々の知的満足のすべてであるかのような感覚自体が、唯物論的時代の産物というべきである。これは我々「科学的」近代人が、自らの理性をことさら狭い領域に閉じ込めているからであって、学問の厳密性、学問の明証性は、いわゆる近代科学とは全く別の方向にも成り立ちうるということを、まず前提として認めなければならないのである。

私は人間というものを、一つの神秘として認識することが本来の意味で最も科学的な態度だと思う。この世に神秘などあるものか、そんなものを認めるのは科学の敗北宣言ではないか、などと言う人はひどい思い違いをしている。それは解答が出せないので、あるいは解答を出す努力を怠って、逃げを打つこととは全く別のことである。人間というものが無限に向かって開かれた神秘であるということ、特にこの「開かれている」ということの認識がなければならないと思う。これは科学が未発達なので、まだ捉えきれない部分があるという意味ではない。人間は身体を持っているがために、その身体性のゆえに、人間とは閉ざされた把握可能な存在であるかのように考えがちである。しかし何度も言うように、人間を身体に還元した途端に、当の人間はどこかに行ってしまうのである。一篇のきわめて高度な精神的内容をもった詩を、その統語法のレベルにおいて、あるいは使われた語の統計学的なレベルにおいて、研究することも可能である。いずれも実証科学的研究であって無意味な研究ではない。けれども当の詩はどこかへするりと逃げてしまうのである。(私はこのことを『意識の再編』の中で詳しく論じた。同書第二章4「芸術作品の階層構造、創造の原理」参照。注(1)の図参照)

3 「生命とは何か」という問い

生命の「存在」

「生命とは何か」という問いや書物はありふれたものである（例えば物理学者シュレーディンガーに同名の書がある）。知的満足を求めんがための我々の当然の問いである。しかし、そういう問いによって実は我々は、半ば以上答え方を前提し答えを予想している。例えば近代科学が世界観の形成に大きく影響する以前と以後とでは、この問いは違ったことを前提としていたであろう。例えば「ダイヤモンドとは何か」と問われれば、我々は（知っていれば）「それは炭素だ」と答える習性をもっている。つまり「とは何か」の問いには、組成（何から出来ているか）が前提とされ、分析が予想されている。しかし、答えあるいは答え方を前提し予想してものを問うことは、本当にものを問うことではないであろう。なぜなら予想とは全く異なった答えが返ってきたとき、質問者はそれを受けつけないか嘲笑するだけであろうから。「生命とは何か」というような問いは、まず哲学者の問いでなければならないのに、物理学者や生命科学者の問いの方が優先権と権威をもつかのように思われている。そのことがまず問われなければならない。

私は生命とは生命であって、何かに置き換えて認識するようなものではない、と言っておきたい。

ただ何よりまず、生命と生命体とは区別されなければならない。生命体は対象でありうるが、生命は対象化することができない。私が生命なのであって、私が生命を持つとは言えない（実は、「私が」の私も実体でも対象でもない）。生命体と違って、生命には大きさもなく、重さも形も色もない。何立方メートルの生命などということはない。象は人間より大きいが、象の生命は人間のそれより大きいとは言えない。しかしその逆は言えるであろう。すなわち、人間の生命は象の生命より大きいのである。ただ、そう言ったときの「大きさ」とは質的大きさであって量的大きさではない。言い換えればそれは価値の大きさである。（象と人間とをなぜ区別する、命の尊さという点では同じではないか、という議論に対してはあとで答えることにする）

ここでまず、生命とは質——価値と言い換えられるような質——であって、決して空間に広がる量ではない、ということが認識されたはずである。だから生命はこの空間（物理空間）のどこにも存在するものではない。生命はどこにも存在しない。つまり場所を占めて存在はしない。しかし、生命が存在しないという人はいない。死んでいるカブトムシと生きているカブトムシの区別は誰にでも出来る。死んだカブトムシはナキガラであって、明らかに生命がどこかへ抜け去ったのである。生命は存在するのだが、空間に大きさをもって存在するのではない。ここで我々は「存在」ということの意味を考え直すことを強いられる。我々近代人は一般的に、あまりにも唯物論的な思考癖が身について離れないものだから、物的裏づけのないものの存在を存在として認めようとしない傾向がある。だから個々の生命体の存在は認めても、生命そのものを「存在」としては認めたがらない。

もちろんこれは「存在」の定義によるのだから、いくら議論しても堂々巡りになるだけだろう。だがこんなことを考えてみてはどうだろうか。赤いポストは存在する。赤い車も、赤い旗も、赤い鉛筆も存在する。だが、赤という色はどこにも存在しない。つまりこの空間のどこにも場所を占めて存在はしていない。だからといって「赤」というものが存在しないと言えるだろうか。今度は「赤」の実在性は認めることにしよう。赤に対しては白があり、青があり、黒がある。そのそれぞれは存在するが、「色」というものは実体としてどこにも存在しない。だからといって「色」というものが存在しないと言えるだろうか。（念のために、私は「観念実在論」とか「唯名論」といったものにここで踏み込むつもりはない）

「しかし」と人は言うかもしれない、「赤や色にはまだしも対象性、実体性があるが、生命にはそれがないではないか」と。とすれば「生命」とか「いのち」とかいわれるものは名前に過ぎないのだろうか、認識の迷いに過ぎないと言えるのだろうか。こういうごく普通の感覚に反したことが科学者や哲学者からさえ持ち出されるのは、彼らが厳密であろうとし、その厳密さを一つの思い込みの上に基礎づけているからである。その基礎とはすなわち唯物論である。もっと厳密に言えば、物質がすべての基礎であるという無反省の仮定である。私はここで無益に唯物論者を刺激しないために言っておくが、彼らの仮定が間違っていると言うのではない、ただ仮説として弱いではないかと言いたいのである。彼らのも仮説なら、私の提案も仮説である。学問の自由と尊厳のために、頭から真理などとは言わないでおこう。ただ仮説の比較は出来る。仮説の優劣は、いかにより多くの事象を取り込み、それらを一つの原理で説明できるかによって決まるのである。その論証が本書の中心課題となるはずである。

発生ではなく発現

「生命とは何か」という問いは、「とは何か」という形では本来問えないものである。私の仮説では、生命は最初から存在し今も存在しつづけている。それは常に宇宙に遍在するといってもよいが、その言い方もなお、空間的存在を思わせるから十分ではない。そもそも我々自身がそれであるところの生命に至る道は、ただ自覚と内省を通じてであるよりほかないのであって、これを観察対象としてその正体を見極めることなどできないのである。ただ、生命体の生命現象を、これを可能にする物質的・物理的条件という側面から研究することはできる。これがいま盛んになされている分子生物学のような生命科学であるが、これはすでに常にある生命が生命体として発現するための物的条件を研究する学問として認識されなければならない。物質は生命にとって必要条件であるが、必要十分条件ではない。すなわち、生命が生命体として形をとって現れるためには物質的条件がととのうことが必要だが、物質的条件さえととのえば生命が無から出現するのではない。したがって生命科学というものがいわゆる分析的科学であるかぎり、「生命とは何か」という問いに答えることはできない。生命は百数十億年（?）の宇宙の歴史のどこかで発現したのであって、発生したのではない。科学者が「生命を創る」などということは、したがって全く論外である。もっともこれは

「生命」の概念、「創る（創造する）」という言葉の定義によってどうとでも取れるのであって、それをまず聞いてみなければ話にならない。本物と寸分変わらぬ、また変わらぬ行動をする精巧なにせものやシミュレーションを作ることは、不可能ではないであろう。ただ、私の仮説にしたがって、宇宙の基底がすなわち生命と考えるならば、生命を創るとはもう一つ宇宙を創るということになるのである。これは宇宙を創る神を製造するということである。

デカルトの『方法序説』以来、我々の思考法の根底にあるのは、とにかく分ければよい、ということである。とにかく分析していけば真相に達するはずだということである。これが「科学のメスを入れる」などという新聞の見出しにもよく使われる表現となって、我々の内部に定着している。しかし、分析によって生命現象の物質的条件は解明できても、そこに生命があるわけではない。生命はどこにあるのかといえば、それは切り刻むのと正反対の方向、つまりより大きな全体性へ向かう総合の方向にあるのである。生命とは「ホーリスティック」（全体論的）なものであり、「ホーリスティック」にしか捉えることのできないものである。私がそのように言うと、自分の学問分野に対する侮辱であるかのように憤慨する人がいる。分析的な生命科学の価値を認めないなどという人は、私をはじめ誰ひとりとしていないだろう。ただ私は、生命に対するアプローチは両方向に目をやるものでなければならない、すなわち分析的であると同時に総合的、還元主義的であると同時に全体論的でなければならず、たとえ実験室での仕事が分析・還元という一方向の作業に終始するほかないとしても、それとは全く逆の方向へのまなざしがなければならないと言っているのである。

もし、それをしも認めることを潔しとせず、学者として「全体」などというヌエのようなものを認めることは出来ないなどと言う専門家があれば、その人こそ唯物論者の典型なのであって、私はその人には躊躇《ちゅうちょ》なく嘲笑を浴びせると同時に、挑戦状を送りたいのである。なぜそこまで過激なことを言うかと言われるであろう。それは本書の冒頭に述べたように、唯物論というのは間違いなくこの世界を滅ぼす思想だからである。たとえその学者が研究室を一歩も出たことがないとし、そんなことなど夢にもあずかり知らぬと言ったとしても、唯物論という思想は目に見えぬ地下茎を張り巡らすのである。そうして本人の全く思いもよらぬところで悪魔の破壊性を発揮するのである。何よりもそれは精神の停滞の証であり、精神の停滞はこの世の害悪の最たるものである。

人間と芸術作品

生命あるいは生命体の最高形態たる人間と芸術作品、とりわけ詩作品とのアナロジーは有効なものであると私は信ずる。今ここに、不思議な力をもって多くの人を感動させるきわめてすぐれた詩があったとする。それは一篇の英詩で一枚の紙にインクで書かれている。今、異星人がそのうわさを聞き、この不思議な力をもったものの力の源泉が何であるのかを調べようとして、調査にやってきたとする。彼らはもちろん詩などというものの存在を知らず、ただ実証科学的精神だけは発達しているとしよう。彼らが最初に発見するであろうことは、この不思議な力をもつものが、たった二十六個の文字で構成されているらしいことである。そこで彼らは言語の違うドイツやフランスやイタリアにも行ってみる。するとそこにも、紙に書かれた不思議な力をもった同類のものがあることがわかる。調べてみると、それらもやはり同じ二十六個の文字を用いていることを知って驚く。異星人たちは、地球人の感動の根源はこの不思議な二十六文字にこそあるのだという結論を携えて、異星へと帰っていく……。これを見て我々は笑わざるを得ないのだが、これはDNAの遺伝情報の基礎を構成する人間・動物・植物に共通の四個の塩基文字（ATGC）を、生命の究極の根源と信ずる人たちの比喩なのである。

　比喩はこれにとどまらない。アルファベット字母は一定の法則に従っていくつかが集合し、限られた数の英単語を作り、その限られた語彙《ごい》が無限に豊かなセンテンスを作り出す。これは自然界では、四個の文字を組み合わせてまず二十という限られた数のアミノ酸を作り出し、この二十個のアミノ酸を組み合わせて無限に豊かなたんぱく質――生命の基本物質――を構成していくことになぞらえることができるだろう。たんぱく質は組織を構成し、組織は臓器や器官を構成し、臓器や器官は系統を構成する。それは人体を作り、人格をもった人間を作る。このことも、元はインクのシミという無機的なものが少しずつ下から組み立てられて、最後に不思議な力をもった詩が構成されることによく似ている。

　我々は、ある人の人格とか人柄というとき、その人の肉体を指していうのではない。人格とか人柄は目に見えぬものであり、空間に場所を占めるものではない。にもかかわらずそれらは確実に存在すると言わねばならない。詩や芸術作品も、空間に場所を占めて存在するものではない（空間に場所を占めて存在するのは、芸術作品を存在させるための物的条件であるに過ぎず、それもヒエラルキー〔階層〕を上るにつれて次第に実体性・空間性を薄めていく）にもかかわらず、芸術作品は確実に存在する。それはどのようなあり方で存在するのかといえば、作者の魂と鑑賞者の魂のふれあって作る合作として、魂の協同作品として存在する。宇宙現実という作品と人間という鑑賞者についても同じである。このアナロジーには深い意味があるのである。

4　眼よりも先に見るということがある／あった

人間は一つの神秘として、神秘に向かって開かれたものとして理解されなければならない。これは消極的なごまかしや逃げの態度でなく、反対に積極的な態度なのである。むしろ合理的・積極的理解としての神秘というものがあるのである。私の考える人間というもの、「人間学」の対象（あえてこの言葉を使えば）としての人間は、芸術作品と同じように、どこにも空間を占めて存在しないものである。これを唯心論だとか、地に足がつかぬ空論だとか、肉体蔑視だとかいう人があるならそれは間違いである。私の論点は、それ自体としてはいかなる場所も持たぬこの人間が主体として、場所を占めて存在しているこの肉体をいかに使いこなすか、いかに肉体に対する主導権を握るか、ということにあるのである。肉体なしに人間は存在できない。けれどもすぐれた人間とは、肉体に支配される人間でなく、肉体をよく統御する人間のことである。画家は絵の具なしに制作することはできない。詩人は言葉なしに創作することはできない。けれども絵の具も言葉も、なかなか言うことをきかないものである、抵抗を示すものである。もし主導権を向こうに取られてしまえば創作家として失格である。詩人は詩の物的要件たる素材を使いこなすことができなければならない。語彙に対する、統語法に対する、スタイルに対する完全な制御力がなくては、自己を実現することができない。どこにも場所をもたぬ人間というもの——これは神経外科医のW・ペンフィールドが、脳のどの部分とも対応することのない、全体を統御する「人格」の存在を認めざるをえなかったことからも確認できるものである。(3)

「見る意志」が先か、「眼」が先か

いったいこの世界の根底をなす実在は何か、という問題へと我々は否応なく追い込まれる。「根底をなす実在は何か」という問い方はまたしても、実在の対象化を予想させるから、「根底をなす実在のあり方はどのようなものであるか」と問う方がよいであろう。ここで私は、

「眼よりも先に見るということがある／あった」
(Seeing precedes / preceded the eye.)

という命題を立てて、これを問題に対する一つの象徴的定式として提案してみたいと思う。これは西田幾多郎《にしだきたろう》（一八七〇～一九四五）の論文からヒントを得たものだが、もちろんこの通りではない。これは西田幾多郎にもベルクソン（一八五九～一九四一）にも共通する見方であるが、眼という器官が出来て見ることが始まったのでなく、見ようと思うから眼が出来たのである。空間に場所をもたぬ生命というものが、この宇宙現実の基底にまずなければならないのである。見ようとする生命意志がまずなければ、眼が現れることはない。「先行する」（precede）というのは、「存在論的に先立つ」（ontologically precede）ということである。これを現在形・過去形を平行させて表記するのは、この存在論的先行性が、時間的（歴史的）にも、時間を捨象しても、成り立つということを表すための便法である。だからこれはいわゆる進化の事実を表記するとともに、無時間相における宇宙現実のあり方を表現するものでもある。この場合、「基底にある」としか表現できないものである。

私はなるべくこういった哲学論文めいた言い方を避けたいのだが、この場合、論証の厳密を期するためにこのように言わざるをえない。むろん一般的には、この逆命題が当たり前だと思われている。そしてそれを正当化しようとする理論がダーウィニズムというものであるが、人は一般にダーウィンなど意識することもなく、眼があるから物を見るのだと言い、ではどうして眼が出来たのかと聞かれれば、何かのひょうしに動物に眼が出来たのだろうと答える。そして、面倒なことはそれ以上深く考えないというのが普通である。では神の創造を説く宗教を奉ずる人ならどうかと言えば、そういう人たちもこれをあまり深くは考えない、あるいは問われたくないというのが普通だと思う。

こういう人たちを唯物論者と呼ぶことはできない。それでは彼らを責めるかのようである。ただ、そういうふうに考え答えるのがごく自然であるほどに、我々の思考様式が唯物論的・機械論的になっていると言わなければならないのである。

しばらく私の象徴的定式にそって考えたい。むろん眼があるから物が見えるのである。そういう意味ではこの命題は逆にしなければならない。けれども西田幾多郎もよく言うように、眼という器官（これは精巧な機械である）が物を見るのではない、見ようとする意志をもったものが眼を使って物を見るのである。見ようとする意志は、眼という器官より、この現実のより深いところにあるのでなければならない。カメラは出来たがその目的は定かでないなどというのは不合理な話である。これを宇宙歴史という観点から見るなら、見ようとする意志が、眼の出現に先立ってあった、と言わなければならないのである。西田のよく使う言い方を借りれば「主体なくして見るものがなければならない」のである。見ようとする意志もないところに、使い道もわからぬ眼が出来てくるはずはない。

ダーウィニズム仮説

ところが眼は偶然出現したと主張し、ただし偶然だけでは納得しにくいので、これに自然選択という原理を組み合わせたのがダーウィニズムである。この単純な組み合わせがダーウィニズムのすべてであると言ってよい。眼が出現するためにはそこに競争原理がなければならない。すなわち、偶然眼らしきものを持った生物と、持てなかった同じ生物との間に、生き残り価値をかけた競争というものがなければならなくなってくる。このダーウィン理論の信奉者が、今も生命科学者・一般人を問わずかなり優勢であるのは、それしか考えようがないではないか、それ以外にどう考えよと言うのか、という言い分が彼らにはあるからである。しかしこれは、読者もおそらくすでにお分かりのように、この世界の存在論的基底がモノであり機械であるという無言の前提（アサンプション）の上に立つ限り、それ以外に考えようがないのである。生物の漸次進化という事実を唯物論・機械論という枠の中に入れて押し出せば、ちょうどトコロテンの筒の中に入れて押し出されたトコロテンがあのような形を取らざるを得ないように、ダーウィンの進化論の形を取らざるを得ないのである。それ以外にどう考えよと言うのかと開き直る人は、自分の立っている足場をまず吟味しなければならないのである。

　おそらく世間の大多数の人々は、学者・一般人を問わず、物質から生命が出たと信じている。すなわち、我々の生まれてきたこの現実世界の基本をなしているのは物質であり、生命というのはあくまで物質の特殊形態あるいは特殊状態として発生してきたと考えている。私はそれを逆にするのである。生命が時間を超えて常にすでにあるとして考えよ、と言っているのである。

　しかし、多くの人々の無意識に仮定しているいわゆる唯物論が、少なくとも私にとってはいかにも考えにくいことであるように、この世界の基底には目に見えぬ生命あるいは生命意志が、目に見える生命世界に先立って存在する／した、という仮定もいかにも考えにくいことだと、少なからぬ人々が言うだろう。〈見ること〉が先か〈眼〉が先か、どちらの考えに与《くみ》するとしても、我々の通常の理性の無理強いをしなければならないことを認めよう。どちらにしても神秘であることに変わりはないとしよう。

そこで私は先の命題を仮説として提起するのである。およそ自然界について、絶対の真理として主張できるようなことは本来ないはずなのである。学問あるいは思考の発達のその時点での最高の仮説しかないはずなのである。では仮説の優劣を決めるものは何かといえば、それはより多くの事象をより単純な原理のもとに包括できる仮説がより優れていると言えるだろう。天動説も地動説も仮説としては対等である。ただ、太陽を中心にして考えれば諸惑星の軌道の計算が非常に簡単なのに、地球を中心にすると計算が恐ろしく複雑になるという違いがあるだけである。ダーウィニズムは仮説としてきわめて単純であるのはよいが、それは生命というきわめて大きな意味をもつものを犠牲にしての単純である。生命についての仮説が生命を無視しているのである。

ところで、この仮説を立てて考えるという余裕と融通性と発展性をもった、学者にとっても一般人にとっても重要であるべき考え方が、わが国の風土に――わが国ばかりではないが――あまりないのではなかろうか。自信のない者ほど非寛容で他者の考え方を攻撃し、ひたすら自説の墨守《ぼくしゅ》に終始するということは、我々の日常経験するところではあるまいか。これは先にも述べたように想像力の問題であり、想像力の貧困ということが非人間的な人間を作る最大の要因といってよく、これがまた唯物主義的風土の特色なのである。この時代を、自らを閉ざす偏狭の時代と称することもできよう。

ダーウィンに話を戻すなら、ダーウィン自身は自説にさして自信があるわけではなかった。先を越されそうになったアルフレッド・ウォーレスのことはさておき、多くの保留や条件をつけておずおずと自分の考えを述べてみたというところである。例えば特に眼の形成というような問題については、自説では説明が困難であることを断っている。これを民間でも学界でも神様に祭り上げたのは後世である。そして仮説であったものが真理とされてしまった。そうして人々は考えることをやめてしまった。なお悪いことに、ダーウィン説に反対するのは宗教であり、宗教が正しいことを言うはずがないという、まさに精神の閉塞状況に自らを追い込んだのが一般の現代人である。

「眼よりも先に見るということがある／あった」という仮説的公理からはもちろん、「耳よりも先に聞くということがある／あった」、「脳よりも先に考えるということ（意識、心）がある／あった」といった命題が導き出される。これは生命的宇宙のあり方を表す公式として提起されたものである。ここで生命的宇宙と言ったことに留意していただきたい。これを逆にすれば宇宙生命ともなり宇宙意識ともなる。かつて宇宙生命とか宇宙意識といった言葉が神秘主義の専門用語のように思われた時代があった。無論それは唯物論的世界観が、今より確固として絶対的なもののようにみえた時代の思い違いである。今は cosmic life とか cosmic mind とか言っても怪しむ人は、かつてほど多くはないであろう。しかし宇宙生命、宇宙意識といった言葉が、もしかつての神秘的な響きを引きずっているなら、それは払拭《ふっしょく》されねばならない。神秘というなら、物質から生命が生じたと主張する唯物論ほど神秘的な思想はないのである。唯物論者の「脳もないのに誰が考えるのか、ＤＮＡもないのに何が生きているというのか」といった反論は、すでに自己の立場を前提にしているのだから無効であるのは言うまでもない。

5　アリストテレス的世界観

生命が基底か、物質が基底か

こういったものの考え方を受け入れ易くするために、少し遠回りをしようと思う。

アリストテレスの世界観が、近代科学の機械論的世界観とは対照的に、生命論的であったことはよく知られている。近代科学が生物をも無生物として見ようとする（分子生物学、生物物理学など）のに対し、アリストテレスは逆に、無生物をも生物として見ようとしたとされる。このことも前著に述べたことなので深入りはしないが、アリストテレスでは、自然物と人工物とを問わず、すべてのものの変化、生成、成長の原因が四つあるとされる。すなわち形相因（formal cause）、質料因（material cause）、作用因（efficient cause）、目的因（final cause）である。「形相因」とは、それなくしては事が運ばないはずの青写真（設計図、計画書）に当たるものである。「目的因」とは、やはりこれもそれなしには事が始動しないはずの、作る主体の目的意識である。「質料因」は「形相因」

がそれに働きかける素材であり、「作用因」はそれに外から加わる力である。虚心になって考えてみるならば、これは宇宙のあらゆる変化する事象の説明として、かなりの説得力を持つと言ってよいだろう。

ところが、近代科学の機械論的な世界観がしだいに人々の心を支配するようになるにつれて、アリストテレスの生命的世界観はかえりみられなくなり、ついには荒唐無稽《こうとうむけい》ということになった。その最大の功労者がダーウィンだと言って差し支えないだろう。生命の根源に物質と偶然性を見る、つまり「生命より先に物質がある／あった」とする仮説の上に立てば、アリストテレスが荒唐無稽なのは当然である。これはこの世界の基底が何であるか、生命であるか物質であるかという、最初の前提の選択の問題なのである。アリストテレスの世界観は目的論的世界観といわれ、近代人にはこれが異様なもののように見えるかもしれないが、目的とは生命にとって最も本質的なものであるから、これも最初の前提の選択しだいで当然の考え方なのである。

ところでこの「存在論的先行性」の選択は、二者択一だということが強調されねばならない。生命が基底にあるか、物質が基底にあるかどちらかである。生命と物質が同じレベルに交じり合って存在するなどということはない。これを我々の基本的な生き方に則して言うなら、我々は唯物論的世界観を取って生きるか、宗教的世界観によって生きるか、二つに一つの選択を迫られるのである。だから共産主義とかマルクス主義というものが、もし徹底的に唯物論的世界観を核にしているのであるなら、これほど見事な思想はなく、同時にこれほど恐ろしい思想はないのである。我々がいかに曖昧が好きであり、保留が好きであり、断定しないことを美徳のように思っていようとも、この最も根源的な、最も本質的な選択だけは曖昧にするわけにいかないのである。あとはどうでもよい。処世的な生活の知恵は、むしろ妥協とか中庸とかバランス感覚を我々に勧めるだろう。「君子は和して同ぜず、小人は同じて和せず」という論語の言葉を思い出してもよい。自分の生まれてきたこの世界に基本的にどう接するかという基本的態度の選択が、我々の人生を百パーセント無意味なものにもし、百パーセント意味と価値で充足させることもできる。そしてこの選択は我々の自由に任されている。我々が自分で自分の生きる世界を創るのである。これが私の提唱する「人間学」の基本的事実である。私はあくまで学問的態度を貫くつもりであるから、宗教者のように真理を押し立てて主張するのではない。ただ二者択一の事実がある、生きかたの選択を迫られているという事実がある、と言っているのである。

生命は目的を持つ

アリストテレスに戻る。近代科学の世界観、そして我々の内部に深く浸透している世界観が機械論的・決定論的であるのに対して、アリストテレスの世界観（少なくとも中世までのヨーロッパを支配したと考えられる）は生命論的・目的論的であった。結局、近代科学はアリストテレスの四つの原因のうち「質料因」と「作用因」だけを残して「形相因」と「目的因」を捨てたのであった。近代科学は最初からアリストテレスを否定し対立したのではなかった。ただ、質料と作用（物理力）

だけで、つまり対象化と測定の可能なファクターだけで、世界を捉え記述する方法がある、と言ったに過ぎなかった。ところがこの方法の思いがけぬ成功のために、世界はそのように考えられねばならない、ということになってしまった。世界を捉えるかくかくの方法がある、と言うのと、世界とはそのような方法によって捉えられたところのものである、と言うのとは全く違うのである。この勘違いが我々の世界観を決定してしまったと言ってもよいだろう。

問題は、その世界観が哲学者の頭の中にだけあるものではなくて、大多数の人々、おそらく学問にも哲学にも縁がないと思われる一般大衆を含めた大多数の人々の、考え方の基礎を形成し、生き方そのものにまで影響を与えてしまったことである。人々はおそらく、「宇宙が目的を持つ」などと聞けば目を白黒させるであろうし、もしそれが「識者」ならば、それは「非科学的」で「宗教的」な、従って間違った考え方だと発言者を諭すことだろう。いかにもそれは間違っている。ただしそれは最初の存在論的前提の選択、生命が基底か、物質が基底かの選択を物質の方へ取った場合に限る。もし存在論的基底を生命の方に取るなら、生命に最も本質的な属性は目的を持つことである。生命を持つものが動くのは、入力された機械のように過去から押し出されて動くのではない。何らかの目的達成のために、自己実現のために、いわば未来からやってくる原因によって動くのである。それが「目的因」（final cause）と言われるものである。

未来からやってくる原因というようなものが荒唐無稽であるか、そうでないかは、最初の選択の如何《いかん》による。アリストテレスの目的論的世界観は、機械論的原因（作用因）を排除しているわけではないから、近代科学の世界観より包括的で、これを復活させても近代科学が失うものはないと考えられる。だからデイヴィッド・ボームとかポール・デイヴィスといった物理学者が、アリストテレスの見直しを提案しているのである。ただ注意すべきは、目的論といって一括りに扱うことはできないだろうということである。目的論といっても機械論を時間的に逆にしただけの、要するに映画のフィルムを逆回転させるようなものもあるだろう。これは我々の理性に対して、ほとんど説得力を持つことができない。すでに完全に決まっている未来世界を実現するために歴史があるのだとしたら、歴史とは全く無駄な時間の流れだということになる。そこで我々は創造ということを、この宇宙現実の最も中心的な概念として、鍵概念《キーコンセプト》として考えざるを得ないのである。

私がここでアリストテレスを持ち出したのは、私の考えを分かりやすくするための一助としてであって、私の考えがアリストテレスと同じだとか、アリストテレスをそのまま復活させよとか言っているのではない。だいいち私はアリストテレスをよく理解している者でもないし、特にその目的論や生命概念がどの程度のものであったかを知らないのである。

私の仮説的生命概念は、我々がその只中にあり、我々がそれそのものであるところの生命ということである。これは日本語の誇るべき「生かされている」「生かされてある」という言い方で表現することもできる。ただこれは宗教者がよく使う表現であり、例によって、まさにそのゆえにこういった言葉を受け付けない「思考停止」の人々がいるのである。ちなみに、人間のあり方を指して言うハイデガー（一八八九〜一九七六）のいわゆる「現存在」の「世界=内=存在」というのは、この「生かされてある」という人間のあり方をむつかしく術語化したものと考えてよいだろう。もし「宇宙生命」「宇宙意識」という言葉を使うなら、我々の命や心はそれを「分有する」と言ってもよい。従って、我々の仮説である存在の基底としての生命＝意識、常にすでにあるものとしての生命＝意識を、個々の生命体が分有しているのである。（ただ「分有」という言葉は仮のものである。ここで仮にそう言っておく）

生命＝意識（life-mind）とハイフンでつないで表記するとしよう。というのは生命と意識（心）とは別物ではない、かといって同じものでもない、と普通には考えられるからである。ところで「生命＝意識がまずある／あった」という仮説は、生命の不思議を説明しようとして考えられた「生命素」とか、ハンス・ドリーシュなどの唱えた「生気説」（vitalism）といった仮説を全く不要のものにする。そういった仮説は、暗黙あるいは無意識のうちに、「物質がまずある／あった」という仮定の上に立ち、その上で生命という特別なものを説明しようとするのである。「生命の元になる要素」「生命の元になる力」といった特別のものは何もないのである。

6　キー・コンセプトとしての〈創造〉

世界は偶然できたのか

かつて私は、「神の創造」とか「神の計画」という言葉のしきりに使われる宗教的な講話を傍聴したことがある。聴講者の一人が、いかにも我慢しきれないといったように立ち上がってこう言った、「なぜあなたは神の創造とか計画とか言うのか。この世界はほっといたら自然にこうなったというだけなのに、なぜそういう余計なものを持ち出すのか」。私は彼の主張の真偽よりも、彼の確信と断言に注意を引かれたのである。「この世界はほっといたら自然にこうなっただけ」と断言するのは、日本人に特有の、無自覚・無反省の信仰的ダーウィニアンだけであろう。創造神話をもつ宗教が社会に少しでも根付いているところでは、決してそのように断言することはないであろう。

これは多くの日本人の通弊である思考停止、あるいは自分の頭で考えてみない怠惰と盲信の好例であると言ってよい。「ほっといたら自然にこうなった」というのは、この世界は全く偶然、無計画にこのような姿になったということである。神の創造とみるかどうかは別にして、偶然とか無計画とか無目的というには、この世界はあまりにも精妙に合目的にできているとは思わないのだろうか。そういうことに驚く感受性が麻痺《まひ》しているのだろうか。しかし一方、神の創造という立場を固守する人たちも、もしそれが宇宙論的体系によって裏付けられることのない、人から与えられた創造説であるならば、これもやはり思考停止であり怠惰であり盲信だと言わざるを得ないのである。物理学者のポール・デイヴィスは、宇宙の根源探求の書ともいえる『神の心』(*The Mind of God*)という著書を次のような言葉で結んでいる。

私がこの本で探求してきた中心的なテーマは、科学によって我々人間は自然の秘密の少なくともいくらかを把握できる、ということであった。我々は宇宙の暗号の一部は解読することができた。なぜそういうことが起こるのか、なぜホモ・サピエンスが宇宙への鍵を提供する合理性のひらめきを持つのか、それは深いなぞである。宇宙の産んだ子であり、生命を与えられた星くずである我々が、それにもかかわらず、その宇宙の性質について考え、その営みの法則を垣間見ることまでできるのである。いかにして我々がこの宇宙的次元につながるようになったのかは一つの神秘である。しかしそのつながりは否定することはできない。

それは何を意味するのか。そのような特権にあずかることができる人間とは、いったい何なのか。私には、我々のこの宇宙における存在が、運命の単なる気まぐれだとか、歴史の偶然だとか、偉大な宇宙のドラマの中の偶発的なブリップ〔テレビ画面などに現れる無意味な閃光や雑音〕だとは思えない。我々の巻き込まれ方はあまりにも密で深いのである。ヒトという肉体的な種には大して意味はないかもしれない。しかし、宇宙のある惑星上の、ある生命体における心の存在は、確実に根元的な意味をもった事実である。意識をもった存在を通じて、宇宙は自らの意識を発現させてきたのである。このことは決して些細な事実でもなく、心も目的も持たぬ宇宙の諸力の小さな副産物などではない。我々は真に、ここにいるべく意図された存在なのである。(4)

生命の本質は創造

この宇宙（私が宇宙というとき、物理空間としての宇宙ではない）の基底が生命＝意識であるという仮説にひとたび立つならば、創造という概念が最も重要な、最も豊かに世界の本質を言い表す鍵概念として浮上してくることに注意しなければならない。逆に、機械論というものがいかにこの世界から豊かさを奪うものであるかに、改めて気づかされることになるであろう。ところで物質の本質が機械運動だとすれば、生命＝意識の本質は創造だと言わなければならないだろう。機械運動に自由意志がないとすれば、創造は自由意志によるものと言わなければならない。しかし先にも述べたように、自由意志といっても、考えたものがすぐに困難もなしにできるのでないことが、創造や創作ということについての本質的な事実である。言い換えれば、創造や創作が「奇跡のように」「手品のように」なされるのではないということである。さらに創造や創作は、機械運動を別に排除するものではない、ということをも認めねばならない。

この宇宙の本質は機械運動ではなくて創造である。けれども創造は機械運動を含むと言うことができる。反対に、機械運動は創造を含むことはできない。このことが創造ということについての基本的事実として確認されなければならない。これを先のアリストテレスに即して言うならば、アリストテレスの生命論的世界観は近代科学の機械論的世界観を含むことができるが、その逆は不可能である。詩を書き、絵を描き、作曲や彫刻をする人たちは少なくないであろう。そういう人たちは自分の制作過程の中で、自然の物理的力にゆだねるよりほかない部分があることを認めるはずである。すなわち自分の意志の及ばぬ部分があるはずである。創作家は素材（質料）に働きかけねばならないからであり、素材が物質である以上、機械的な自然力を取り入れざるをえないのである。詩人の場合、素材の単語も文法も物質に当たる。単語や文法を創作するわけにはいかないからである。

私は宇宙創造のことを言っているのである。そしてこの宇宙創造過程の中に含まれる機械的側面を取り出し、これを整合性をもって記述する物理学なり生物学なりが、学問として成立するのだと言いたいのである。最初の仮定によって、存在論的基底を物質でなく生命とする限りそう見なければならなくなる。

「花のように開かれていく」

ここで私は少し困難な考察に立ち向かわなければならない。私が存在論的基底を表す公式を「眼よりも先に見るということがある／あった」とスラッシュを入れて時制《テンス》を二重にした理由についてはすでに述べた。それは現実の無時間的・時間的（歴史的）の両相面を同時に示す便法であった。実はこれにはもう一つの意図が込められている。それは創造というものの本質が、時間を超えたものであることを言いたいがためである。いわゆる「進化」とはそういうものでなければならない。それは（機械的変化を含むかもしれないが）機械的変化ではない。機械的変化とは、単に過去の原因によって前へ押し出されるものに過ぎない。「進化」（と言われているもの）はそういうものではないであろう。物理学者のデイヴィッド・ボームは『全体性と内蔵秩序』の中でこう言っている。

では一体、一般に生物学で定式化されているような生命の進化をどう考えたらよいのだろうか。第一に指摘されなければならないことは、進化 evolution という言葉自体（その文字通りの意味は unrolling「巻物を広げること」である）の内包概念があまりにも機械論的であるので、この場合に然るべき用をなさないということである。むしろ我々は、さまざまな継起する生命体が「創造的に開かれていく」（unfold creatively）というべきである。後からやってくるものは、結果が原因から生ずるようなやり方で、先にやってきたものからそっくり生ずるのではないのである（もっとも近似的には、そのような因果過程が連続性のある限られた面を説明するかもしれないが）。[5]

ポール・デイヴィスも『宇宙の青写真』（*The Cosmic Blueprint*）の中で、エヴォルーションとは「花のように開かれていく」（unfold like a flower）ことだと言っている。[6] 要するに、「進化」とは可能性が実現していくこと、潜在性が顕在化していくことだと言っているのである。少なくともアリストテレスの「形相」、あるいはそれに近い何らかの概念を導入することなしに、「進化」の事実を説明することはできないだろう。「形相」は、個々の生命体にはＤＮＡという形で、つまり物質の形で存在することが二十世紀中頃に証明された。そこで生命体とは区別された、空間的存在ではない生命にも、やはり空間的存在ではないＤＮＡがあって然るべきではなかろうか。原ＤＮＡのようなもの（ゲーテの考えた「原植物」のような）を想定すべきではなかろうか。この地上の有形のものはすべて、「存在論的に先行する」と想定せざるを得ない無形世界から発するものと考えざるを得ないのである。

あるいはここで、こういう疑問を呈する人があるかもしれない。有形の生命体と無形の生命を、二者択一的に分けること自体が不当である、なぜなら現代物理学はアインシュタインの有名な等式によって、物質とエネルギーは互換可能であることが分かっており、有形と無形の区別はないからだ、と。しかしここでいう「生命」は単なるエネルギーではない。それは設計図（に当たるもの）を持ち、目的を持ち、時間をかけて苦しみながら創造していく生命なのである。それは有形的存在の奥にある存在次元としての生命なのである。何度も言うようだが、もしそんな神秘的な存在次元など認めることはできぬと言うなら、それよりもっと神秘的、というより不気味な、物質から生命が発生するという唯物論を選ぶよりほかないのである。

未来からの強制

「進化」と言われるものは、ベルクソンの言うとおり「創造的進化」でしかありえない。つまり後ろから押されて前へ進むという、ただそれだけのものではありえない。創造は確かに時間の中で起こる。けれどもそれはある意味で時間を超えたものである。機械的変化が単に過去から強制されるものだとすれば、創造というものは過去からも強制されるが、同時に未来から強制されるのである。だから単なる機械論を時間的に逆向きにした目的論はもちろん創造ではない。そこには未来からの強制というもの、産みの苦しみというものがない。

彫刻家は、すでに心の目に見えているものを素材の中から掘り起こすのだと言われる。彼にとっては、あたかも時間が未来からやってくるように思えることだろう。彼はその見えているものによって強制されると考えられる。しかし彼の持っているのはおよそのプランであり、見えているといっても、それは彼をさし招いてやまぬものとして、ヴィジョンとして見えているのであって、完成品として明確に見えているのではなかろう。いわば彼は自分自身に出会うために制作を続けるのである。彼の苦しみが同時に喜びである。完成は自己発見の驚きでもあるだろう。けれどもそれは、百パーセントの満足を与えはしないだろう。未発見の自分自身というものが、果てしなくあるはずだからである。彼は見えているものが見えてくるまで制作を続けなければならない。芸術創造とはそういうものであろう。もし完成品がはじめから明確に見えている（与えられたモデルがある）のであれば、それは機械組立と同じ機械的作業であって創作とは呼ばれない。そこには産みの苦しみも喜びもなく、単なる労働だけがあるであろう。

ところで今ここに、彫刻家の内面に入ることができない、つまり感情移入ができない観察者がいたとして、彫刻家の制作過程をつぶさに傍観していたとしよう。この観察者には、彫刻家の創造行動と単なる機械的労働の区別ができないであろう。私は宇宙創造のことが言いたいのである。宇宙創造を、創造者の心の中に入ろうとせず、これをもっぱら外から観察するという態度に徹すれば、創造も機械作業に見えるはずだと言いたいのである。まさにこの外からの観察者という態度に徹することによって、創造を機械的「進化」と見たのがダーウィニズムのような宇宙解釈であったと言ってよい。それは歯車の歯が相手を押しのけるような視覚像であって、生命というものに対する態度ではないのである。

このような機械論というのは、先にも言ったように、想像力の欠如の産物である。感情移入の能力、共感する能力の欠如が、この生命世界の解釈を決定的に誤らせることになる。あたかも自分がこの生命世界に属していないかのように、傍観者として外から観察するならば、観察者は自ら進んで自分自身を疎外するのである。そのとき世界は観察者に対して姿を現さないのである。

7　二者択一の仮説

弁証法的唯物論

以上に述べてきたことを復習してみたい。迂遠なようであるが、私は「人間学」として提唱する体系のための、用心深い基礎固めを進めているのである。そして「眼よりも先に見るということがある／あった」という公式的命題を仮説として提案した。これは存在論的基底を言い表す命題として、この逆命題に対して二者択一の仮説でなければならない。宇宙解釈の出発点として、我々はどちらかを想定しなければならない。我々は神や超越者は認めなくとも、生命という事実は認めないわけにいかない。物質の存在も認めないわけにいかない。そしてこの二つは原理的に別物と考えざるをえない。たとえ物質の究極の姿が、もはや目に見えるモノではなく、目に見えぬコト（出来事や過程）に変じたとしても、それはなお生命（それは目に見えない）とは別物でなければならない。生物でもない物質でもない、その中間物というものはあろうけれど、存在の根底あるいは宇宙生成の根源に、生命（あるいは生命＝意識）でもない物質でもない、または生命でもあり物質でもあるといったものを考えるわけにはいくまい。我々は生命＝意識か物質かのどちらかを、そこに仮定しなければならないのである。

もし存在論的基底に物質を仮定するとして、そこから人間学を構築するとしたら、それはどのようなものになるであろうか。それは非常に分かりやすく、人間存在にいわば一気に片をつけるものになるだろう。人間の根源は物質なのであるから、人間と物質の本質的な区別はなくなる。自由意志というものも否定されなければならない。自由意志とみえるものも実は物理的に決定されたものである。人間機械論というものが必然となる。これは分かりやすいがあまり受け入れたくないものである。そこには倫理も道徳も人間の努力という観念も入ってくる余地がない。そこで人間については、機械論的唯物論はあまり適切でないというので考え出されたのが、いわゆる弁証法的唯物論であったと考えられる。

そしてこの弁証法的唯物論による人間学が、マルクス主義・共産主義として二十世紀を混乱に陥れたのである。それは周知のように、人間を根底から変えてしまう思想であったという意味において、まさに人間学と呼ぶにふさわしいものである。弁証法的唯物論とは、物質が自らの内部に矛盾を内在させており、それを原動力として自力で発展していくという考え方である。人間も物質的存在であるから、物質的欲求を中心とする矛盾すなわち不満を既成の体制の内部で抱えており、体制を破ってこれを解消することによって、よりよい社会を作っていくという考え方だと理解してよいだろう。機械論的唯物論によっては論ずることのできなかった倫理というもの、善悪というものが、この思想の枠組みの中では明確な形をとって現れてくる。すなわち、この弁証法的発展の方向に沿うものが善であり、そうでないものが悪である。多くの人々がこの思想に惹《ひ》かれたのは、それが何よりも善悪の基準を握っていると考えたがためであったと思われる。

私はこれに対してさえ判断を下そうというのではない。ただ、最初の、最も根源的な存在論的基底の選択を物質に取ることとの結果が、この共産主義的人間観と共産主義的人間製造となって現れたということを指摘したいのである。先に紹介した「この自然界はほっといたら自然にこうなったにすぎない」と確信して疑わない紳士は、おそらく日本人の最も平均的な無意識の考え方を代表するであろう。それは自然界の一部である人間をも、単に物理法則に従って、偶然生じた偶然的存在にするはずであるが、彼らはそういう論理的帰結の意味を考えたことはないであろう。人間は何の意味もなく、自然の成り行きで「出来チャッタ」存在かと問えば、彼らはおそらく言葉を濁すであろうけれども、それが漠然とした精神風土となったとき、それはもう一方の選択肢に対する頑強な防波堤を形成するのである。そして日本という国は確実に、その漠然とした、付和雷同的な精神風土によって腐っていくのである。

問題は従って、代表的日本人ともいえるこの紳士が、神の創造などという愚かなことを信ずるくらいなら、自分が物質現象の特異産物であることをむしろ選ぶのだと、はっきり言う用意があるかどうかということである。なぜならそこには二者択一の選択しかないからである。そこは曖昧や妥協の許されぬ一点であるにもかかわらず、人はその最も肝心のところを曖昧にしたまま、末節でつまらぬ区別立てをしようとするのである。本来の共産党というものが最も党らしい党だと言われるのは、そこのところの妥協がないからであり、神の創造という考えやその考えをもつ人々に、はっきり敵対の立場を取るからである。

space でなく universe

ただ私は、神と言うかわりに、生命という誰も否定することのできないものをこの宇宙の根底に置くのである。神と呼ばれるものも、生命と呼ばれるものも定義することはできない。しかしそれらは共に、一つの実在の方向を指すものと考えられる（そのことの議論が後の課題である）。人は普通「宇宙」といえば、物理空間としての宇宙（space）を思い浮かべるだろう。もちろん私は空間的宇宙のことを言っているのではない。我々の生まれてきたこの現実世界の質的全体性を言っているのである。この意味での宇宙はspaceでなくuniverseあるいは（調和性を含意して）cosmosである。もし人が「延長」としての宇宙しか考えられないとしたら、つまり物理的世界が世界のすべてであるとしか考えられないとしたら、話は通じないという前提でこの議論は進められている。もし物理量ですべてを量るなら、圧倒的に死の空間である（であろう）この宇宙の中で、生命の存在する地球星など取るに足らぬものなのだから、生命が現実の基底にあるなどという話は全く馬鹿げたものになる。

従って、宇宙の構造を示す我々の象徴的公式である「眼よりも先に見るということがある／あった」は、「脳よりも先に思考（心、意識、意志）がある／あった」という読み替えが可能であるが、さらに言えば、「量より先に質（意味、価値）がある／あった」、あるいはデカルトの言葉を借りれば「〈延長されたもの〉より先に〈思惟するもの〉がある／あった」といったフォーミュラをすべて含んでいるのである。

ところで生命というもの、つまり生きるということは、何よりも価値であり意味であると解されなければならない。我々のこの世界は、価値や意味が先行（先在）しているのである。そう考えれば、この地上に人間が現れて、しかるのち価値や意味が生まれたのではない。〈美〉というものも我々が生まれる以前から存在したと考えなければならない。すなわち「〈美のイデア〉というものがある／あった」と考えなければならないのである。これを分かりやすく言えば、神が美しいと思うものを我々も美しいと思う、ということでなければならない。

8　人間はどこからきたか

生命の目的は自己実現

ひとたび生命（生命=意識）というものを存在の基底として仮定した場合、創造ということがきわめて重要な概念として迫ってくるという意味のことを先に述べた。生命は、ただ単に生きる（生命を保つ）ことがその本質であろうか。もしそうなら、ただ存在することを目的とする（と考えられる）物質と変わりはないことになる。生きるということは、何かを実現しようとして生きることである。単に自分の子を残そうとする植物や動物でも、種族保存という目的を持って生きているのである。人間は種族保存でなく何かもっと大きな実現すべき目的を持って生きているはずである。

常にすでに存在するものとしての、宇宙生命と仮に呼ぶこの生命も、やはり何かを実現しようとして働いていると考えられるであろう。それがすなわち創造である。そしてその目的は自己実現だと言ってよいであろう。ちょうど人間の創作家の作る制作物が自分自身の一部ではないとしても、それが彼の自己実現の手段であるように、宇宙生命は自分とは同一でないあらゆる生き物を創りながら、自己実現を目指しているのだと考えるべきであろう。そうして芸術家の制作が、先ほど言ったように、見えているものが見えてくるまで飽くことなく続けられるように、すなわちすでに心の目に見えているものを実現するまで曲折や失敗を経ながら続けられるように、最終的に人間を生み出した自然界の創造も、いわば人間の創造を最初から目論んでいたと考えられる。人間の創造が最初からの目的であったと考えられる。その意味で創造とは、歴史的時間の中で行われながら未来から来る強制によってなされる超時間的な活動であると言えるだろう。

従って人間は創造されたものである。しかも最終的に創られたものであるがゆえに、自然界の中で最も価値あるものである。いわゆる万物の霊長である。そう言うのは人間の自惚《うぬぼ》れによって言うのでなく、客観的立場から言えるのである。人間は創られたものである。自己実現のために、いわば悲願をこめて創られたものである。偶然成ったということはありえない。宇宙生命（宇宙意識）の自己実現の成果として最終的に成ったものと考えられるのである。

人間の親はサルではない

だから数年前、ローマ法王が、何とかダーウィン進化論と折り合いをつけようとして言った、人間の身体はサルからきたものだが、魂は神の創ったものであるという弁明は間違いだと言わねばならない。人間はサルとほとんど同じ身体の構造をもっているが（両者のＤＮＡは九十数パーセントまで同じだと言われる）、人間はサルからきたのではない。つまりサルが人間の親なのではない。人間は身体も魂も、その親は〈神〉である。サルの身体に偶然（無目的に）変化が生じ、それを神が利用した、などということがあるだろうか。ダーウィン進化論と創造という全く相容れぬ二つの原理が、人間が生まれるときに働いた、などということがあろうか。あまり変わらぬ身体の仕組みから成るということは、一方が他方からきたということではない。人間は心も身体も〈神〉からきたものである。

　例えばこんなことを考えてみたらどうだろうか。ゲーテが同工異曲の二篇の詩A、Bを創ったとする。ちょっと見たところでは、あまり変わらないようにみえる。けれども実は、わずかであるが、決定的な違いを生ずるような字句の改良がほどこされていて、ゲーテはAでなくBを、より完全度の高いものとして誇りにしていたとしよう。詩は目に見える要素（詩の字面《じづら》）と、目に見えない要素（詩そのもの）から成ることは先にも述べた。二篇ともゲーテの創ったものである。二篇ともゲーテが生みの親であり、ゲーテから出たものであると言わなくてはならない。ではこれに対して、目に見えない、空間を占めないものとしての詩そのものについては、両方ともゲーテが親であることを認めるが、詩の字面という要素に限っては、AからBが出てきたのだから、AがBの生みの親である、などと言う人があるだろうか。たとえ一字か一句の改訂であろうと、その改訂をほどこしたのはゲーテであって、AがBに偶然（あるいは生き残りのために自力で！）変わったのではない。

　私は先に、創造の本質として、心の目に見えているものが見えてくるまでの苦闘ということがあると言うつもりであった。ものを創るということ、自己を実現するということには、苦闘ということが必然的に伴うのである。これは「形相」と「質料」とが本質的に矛盾対立するものであることからくる。形相という無形のものは、質料という有形の、本来言うことを聞かぬものを通じてしか自己実現をすることができない。言い換えれば、形相は質料の抵抗を突破することによっておのれを実現するのである。そこには、形相と質料との抗争ともいうべき対話（弁証法）と最後の和解がなければならないが、主導権は常に形相の側にあるのでなければならない。画家は絵の具と画布を通じてしかおのれを表現することができない。しかし、もし彼がそれら素材の抵抗力に先手を取られてしまったら、画家として失敗である。

なぜこのことにこだわるのかと言えば、この創造というものの本質、すなわち宇宙生命のあり方の本質が、人間一人ひとりの自己創造、すなわち人格形成のあり方の方向を示すからである。我々一人ひとりは、目に見えぬ心と、目に見える身体の結合体として存在する。我々が自分を少しでも完成状態に近づけるためには、心と身体の闘い、あるいは自分自身との闘いというべきものが必然的であるが、心が常に身体に対して主導権を握らなければならないのである。さもなければ人間として失敗である。しかし私は、後に展開するはずの倫理道徳の根拠についての議論を先取りしている。私の提唱する「人間学」にとって、創造の概念がキー・コンセプト（鍵概念）であるとする理由がそこにもある。

突然変異は偶然か

生命を生み出すものは生命でしかありえない。私は親から生まれた、親はまたその親から生まれた、けれども一番始めの親は物質であった、などという不合理なことがあるだろうか。しかし一体いわゆる「進化」はどのようにして起こったのだろうか。あらゆる知見を総合するかぎり、新しい種は漸次変化によってでなく突然現れたのであり、ある期間変わることなく存在してまた姿を消したのである。ただしいくつかの種は今も変わらず残って我々の環境を作っている。ダーウィンが最初に考えた、微量の変化の蓄積という考え方はもはや困難になり、変化は突然変異によるものと考えなければならないようである。つまり「進化」は、わずかの勾配をもつなだらかな坂道ではなく、階段状をなすと考えざるをえないのである。

しかしこの「突然変異」という言葉には、「偶然の」という無言の形容詞がつくのである。存在論的基底に生命を認めないというなら、突然変異による新種の出現は偶然でしかありえない。しかし、ひとたび認めるならば、それは偶然ではありえないのである。なぜなら生命は、たまたま気まぐれに創造するのでなく、目的を持って創造するからである。そして創造と機械運動の決定的な違いは、本質的に創造には「徐々に」ということがないということである。創造は、形相と質料との間の、対話、抗争、譲歩、弁証法的発展、といったものを通じて、ついにそれが和解の一点に達したときに、忽然《こつぜん》と作品が現れると考えられる。画竜点睛《がりょうてんせい》という言葉にも表れているように、作品が生命を帯びる瞬間というものがあるのである。画家は一筆を描き加えるごとに徐々に作品に生命を与えていくのではない。あるとき忽然と生き始めるのであり、作品が生き始めたとき、それは親である作者を離れ、それに接する人々の心の中に自らを増殖させていくのである。八〇パーセントまで描き進められた「モナ・リザ」の絵が、八〇パーセント分だけ生きているなどということはない。「モナ・リザ」は、生きているか死んでいるかどちらかである。これは眼という器官一つを取ってみても同じことで、眼のような精巧な器官に、三〇パーセントの眼とか七〇パーセントの眼とかいうものはありえない。完成品があるか全くないかのどちらかである。

宇宙生命が個々の生物種を創造していくとき、質料は百あまりの元素としてこの有形世界にあるが、形相は無形世界にあるのである。形相と質料の対話・抗争の過程は無形世界のもので、完成品だけが地上に現れる。そうとしか考えようがないであろう。生物進化が「自然は飛躍せず」（**Natura non facit saltum**）という古来の格言を見事に裏切って飛躍の連続であり、非連続の連続と言われるのをどう説明するか。もともと生命は目に見えないものだが、その生命の活動する目に見えぬ次元を想定しない限り、生命世界は考えようがないのである。何度も言うが、こういったことを神秘として退けるなら、我々はもっと不合理な神秘を選ばざるを得なくなるのである。そして私はこの考え方を真理としてでなく、存在そのものについての仮説の優劣問題として提案しているのである。

人間は「最高の物質的存在」か

私はここで、多くの人々が無意識的に依拠している唯物論的世界像を、無意識的にでなく明確に意識して打ち出した哲学体系である北朝鮮の「主体《チュチェ》思想」にふれてみようと思う。なぜならそれは見事というべき「人間学」であり、本書の提起する人間学の対極にあるものとして、我々の観点からきわめて興味深いからである。これは前著『意識の再編』に述べたことと重複するのであるが、あえて再び取り上げてみたい。「主体思想」は次のように教えている。

「人間は物質的存在であると同時に社会的存在である」
「もちろん人間も物質的存在ではあるが、単なる物質的存在ではありません。人間は最も発達した物質的存在であり、物質世界発展の特出した産物であります」(7)（傍点筆者）

現在もこの通り教えられているのか、またこれを書いた人が亡命したのかどうかはどうでもよいことである。このように明確に人間を「物質的存在」と規定し、それを国定思想とした国家があったという事実が重要である。一読して、いわゆる人間の尊厳も誇りも、生きる意欲さえ奪ってしまうような思想を、わざわざ明確に文章化してあまねく国民に教え込まなければならぬと考える国家が現実に存在した、という事実を考えてみなければならない。二番目のテーゼが言わんとすることは、生命は物質から出たものであるが、さまざまの生命体の中で人間はトップにいるのだから、結局、人間は物質世界の「特出した」、つまり特別に出っ張った存在だということであろう。人間は元をただせば物質だけれど、つまり人間の故郷は物質だけれど、ただの物質というわけではないのだから誇りを持っていいのだよ、と言いたいのであろう。これを皮肉屋の哲学者が言うのでなく、国家が国定思想として教えるのである。

ところで私の言いたいのは、これが私の言う「二者択一」の一方の帰結だということである。さらに言いたいのは、何と正直に、いつわることなくその帰結を文章化したかということである。きっと多くの人々が私の言う「二者択一」をなかなか認めたがらず、こう言うかもしれない、「二者択一というけれども、折衷案も中間案もあるだろう。それに仮に生命でなく物質を存在の基底として考えたとしても、この〈主体思想〉のような結論を出す必要もなかろう。たとえ元は物質だとしても、そんなことをことさら考える者もなく、現に今、我々は高度な科学や技術を持っているではないか。それだけでは〈心の教育〉が足りないというなら、やさしさや思いやりを、しっかり教えたらいいだけの話ではないか」――私はこういう意見を全く受け入れることができない。何よりもそこには、人間というものについての事実の誤認があると言わなくてはならないからである。

9　自らの根源の自覚としての宗教

自己発見の感動

私は人類の中に哲学者は少ないであろうと思う。しかし哲学を求めようとしない人間も少ないと思う。いかに漠然と無意識にであっても、意識の奥底ではたいていの人間は、自分の根源であり拠り所であるものを求めているであろう。どんな極悪人でも、自分の悪行の根拠付けを必ずするものだと言われるのは一つの例である。非行少年の多くは、自分自身が何ものであるのかが分からず、従ってどう行動してよいのかが分からず、自棄的な異常行動に走るのだと思われる。それは彼らがいかにそういうものを求めているか、そしてそれが得られなければいかに心の病に陥るかの証明になるだろう。しかし「アイデンティティ（の危機）」だとか「自分探し」などという言葉が流行るわりには、人々は一般にそれを徹底して考えないか、考えられないかのようである。何が妨げになっているかといえば、唯物論的な精神風土がまさにそれだと言わざるをえない。

聖アウグスチヌスは、『告白』の冒頭で「我々の心は神に安らぎを見出すまでは落ち着くことができない」と言った。こういう言葉に共感し感動する人と、全く共感も理解もできないという二種類の人たちがこの世にはいる。しかし共感も理解もできないという人は何かを誤解して心を閉ざしているのであり、それを解いてやりさえすれば必ず心が開くはずなのである。それは人間の本能的な基本的欲求であって、いわば人間学的事実として認識されなければならないものである。多くの人が「神に安らぎを見出す」というような考え方を弱者の甘えか何かのように誤解して抵抗を示すのは、唯物論的パラダイムという狭い思考の枠組みの中に閉じ込められているからにすぎない。人は自由に考えていると思っていても、実はパラダイムの枠に拘束されているのである。それに気づくこともなく、その可能性にさえ気づかないで夜郎自大《やろうじだい》を貫くというようなことであれば、私の言う「人間学」的思考は最初から不可能だと言わなければならない。

宗教とは自分自身の根源ないし出自の自覚のことである。本質を考えれば宗教はそれ以上でも以下でもない。「主体思想《チュチェ》」のような共産主義思想は、それを公然と物質だと明言するのである。これは存在の基底という根本の問題（「見ること」が先か、「眼」が先か）を曖昧にしたままで、末節の議論だけをして、いっぱしのことを言ったつもりの知識人よりよほどましである。よほど誠実である。ただ、うまくごまかす人に責任はかかってこないが、ごまかさない人には責任がかかってくる。北朝鮮をはじめとする唯物論を国是とする国家は、今まさにその責任を取りつつあるのである。唯物論をここまで徹底させてみるということは、人類にとって、人間の歴史にとって、やってみるべき必要な実験だったとも言えるのである。

人は普通、「我々の心は神に安らぎを見出すまでは落ち着くことができない」というアウグスチヌスのこの言葉に感動する。これは「神という故郷を見出すまでは……」と言い換えてもよい。何という一途な美しい宗教心を持った人だろうと思う。聖パウロの有名な「もはや私が生きているのではない、私の中でキリストが生きておられるのだ」という言葉についても同様である。「自分探し」などと安易に言われている自己同一（アイデンティティ）の探求は、こういう思いがけぬ発見の感動の形でしか答えがやってこないものなのである。自分の中に自分を求めてもそこに自分はいない。自分の外に求めなければならない。かといってその外なる自分が全く自分以外のものであるわけではない。それこそが本来の自分というものである。これは西田幾多郎が「絶対矛盾の自己同一」という難しい言い方で言おうとした当のものである。我々の「人間学」はこれをむしろ人間のあり方の基本として捉える。アウグスチヌスやパウロの感動は感動として否定するわけではないが、こういった事実をむしろ当たり前のこととしてみる。それが人間の正常なあり方であり、人はそう感じなければならないはずである。むろんこういう言葉にみられる自己発見の驚き（いわゆる「回心」の感動）は、初々しいまま保持されなければならない。けれども、これが何か宗教的に特別すぐれた、あるいは宗教的奇人の言葉であるかのように考えるのは間違いであろう。世の人は何か大きな誤解をしているのである。宗教者が特別に偉いのでもなく、また一風変わった変わり者なのでもない。ただ、プラトンの洞窟の囚人のように首を反転させてみたら、今までと全く違う現実に気づいたというだけであり、これを今の言葉でいえば、唯物論的なパラダイムとは別のパラダイムに気づいたということにすぎない。そしてパラダイムにはこの二つの選択しかないのである。つまりひたすら洞窟の奥のスクリーンを見つめるだけのパラダイムと、そのスクリーンの世界を否定するのでなく、それはそれとして認めながら、首をめぐらせて光のやってくる方を見つめるパラダイムの二つである。繰り返して言っている二者択一とは、そのようなものだと考えていただいて差し支えない。

プラトン「洞窟の比喩」

ここで周知かと思われるが、ものの見方、考え方の革命とそれに伴う諸現象をこれほどうまく説明した比喩はないと思われる、プラトンの「洞窟の比喩」(『国家』第七巻)について、簡単にさらってみようと思う。

今、山の側面に深く入り込む洞窟があったとし、その一番奥にはスクリーンが掛けられていて、その手前にはスクリーンの方に向かって一列に坐らされ、首も体も後ろを向けないように縛られた何人かの囚人がいるとする。囚人の背後には操り人形の舞台がしつらえられ、人形遣いは下に隠れて人や動物やあらゆるものを舞台上で活動させる。さらに背後には光源となる火(電灯でよい)があり、囚人の頭越しに人形芝居の影絵を音声もつけてスクリーン上に映し出す。すると囚人たちは、生まれてからこのかたこの影絵の世界しか見たことがないのだから、当然自分の見ている世界が世界のすべてだと思うことだろう。このスクリーン上の世界はきわめて観察しやすく明瞭な世界であるばかりでなく、(プラトンの言っていないことを付け足すなら)それなりの整合性と首尾一貫性をもった、「科学」の対象になりうる世界である。さらにそこには囚人たち自身の姿も映ることがあると仮定すれば、彼らが対象化されたその自分の姿こそ自分自身だと思ったとしても仕方がないかもしれない。従って定義からいって「人間学」はここでは成り立たない。

そこで今、彼らのうちの一人が急に縛《いまし》めを解かれて後ろを向かされたとしたらどうであろうか。最初彼は目がちかちかして何も見えないだろう。しかしやがて火(電灯)の光にも慣れてくれば、自分たちの今まで見ていたものの正体が何であったか、またそのからくりもはっきり分かるようになるだろう。さらに彼が外からくる光をたどって大胆にも洞窟の外へ出てみたとすれば、そこには太陽が輝いており、それこそが影絵の光源（原因）であった火（電灯）のさらなる根源であることを知って驚くであろう。そして彼がもといた世界に再び戻ってきて、縛られている他の囚人たちを気の毒に思い、見てきたもののことを一生懸命語るとしたらどうであろう。彼らはこの男を理解できず狂人扱いすることだろう。あまつさえ彼がまだ帰ったばかりで目が薄暗がりに慣れることができず、周囲の人々と話が合わないというようなことがあれば、彼らは彼を狂人どころか危険人物とみなして追放しようとするかもしれない。そうして彼らはこの男のことを、後ろを振り向いて日の光を見に外へ出て行くなどという余計なことをしたばっかりに、目を悪くするだけでなく頭もおかしくなって帰ってきた愚か者よと、軽蔑し気の毒がることであろう。この気の毒がられる立場の者が、逆に気の毒がる者を気の毒がるという構図は、宗教的に目覚めた人々と目覚めない人々の間に生ずる周知の構図である。

しかしここで私は特に宗教の話をしているのではない。プラトンも宗教とは言っていない。プラトンの言いたいのは、光のくる方の世界がイデアの世界であり、存在の根拠のある方の世界だということである。光とすべての存在物の根源である太陽は、究極のイデアである〈善のイデア〉に当たる。私はこの比喩を借りて「人間学」の話をしているのである。世の中にはこう主張する人々がいる、「洞窟の突き当たりのスクリーンに映った絵だけが我々にとって観察や分析が可能であり、従って確かな学問的〈知〉の構築可能な場所である。光のくる方角などというものは、そもそもの体系に組み込めないのだから、それは無視するよりほかないのだ」と。確かにもっともな主張である。しかし生命そのものを捉えようとする限り事情は全く逆であり、少なくとも「人間学」に関する限り、光すなわち生命の根源の方向にしか、「人間学」的事実は求められないと考えなければならない。つまり人間のアイデンティティを洞窟のスクリーン上に求めても、それは人間の影絵すなわちモヌケの殻である。木に縁《よ》って魚を求むというものである。

問題は、プラトンがいみじくも言い当てたように、首を反転させようとすること自体が間違った態度であるかのように思う人々が、ギリシアの昔と同様、今もおそらく大勢を占めるということである。もう一つこの比喩の重要なポイントは、ものを見る方向は二つしかないということ、中間的または折衷的な見方など存在しないということ、けれども囚人たちが一方向の世界しか知らないのに対し、向きを変えたこの人間だけは両方向の世界を知っているということである。アリストテレスの世界観が近代科学の世界観を包み込むことができるように、光を見てきた者の世界は、光を見たことのない他の者たちの世界を排除するのでなく、これを包み込むことができるということである。

10　〈美のイデア〉は実在する

〈美〉は常にすでに存在する

「眼よりも先に見るということがある／あった」というのが存在のあり方を表す（象徴的）公理とすれば、「〈美のイデア〉というものがある／あった」ということが一つの系として導き出されるだろう。プラトンは〈善のイデア〉を一番上に置いたようであるが、〈美のイデア〉の方が少なくとも私には分かりやすく、一般的にもそうであろうと推測されるので、今このことについてしばらく考えてみることにする。

ひとたび存在論的基底についての二者択一の仮説を生命の方に取るならば、〈美のイデア〉は観念でなく実在でなければならない。我々には〈善のイデア〉とか〈正義のイデア〉とかいうものを考えるのは難しいかもしれない。しかし〈美のイデア〉は考えやすく、その実在性を信ずるのは私だけではなかろう。美しい花、美しい風景、美しい音楽、美しい女性など美しいものは数限りなくあるが、花と風景と音楽と女性の間に共通するものは、考えてみればほとんどない。にもかかわらず我々がそのいずれをも「美しい」と感じ、同じ形容詞を使って表現するのは、何か〈美そのもの〉――〈美のイデア〉はそうとも呼ばれる――といったものの存在を想定せざるをえないのである。

花も風景も音楽も女性も、〈美そのもの〉〈美のイデア〉にあずかることによって、それぞれの美しさを持つのだと想定せざるをえない。〈美のイデア〉はもちろん、実在するといっても生命と同じく空間的実在ではない。

およその名に値する芸術家で〈美そのもの〉の実在を信じないという者はいないだろう。自分だけが追求する主観的な美は信ずるが、〈美そのもの〉の客観性などというものは信じないなどというなら、それは似非《えせ》芸術家だと言ってよい。何か遠くに、自分を惹きつけ誘ってやまない強烈な光のようなものがある。それは自分の妄想の生み出したようなものでなく、客観的に実在するものとしてある。それに接近する通路やそれを表現する手段は、それぞれの芸術家に固有のものであるよりほかはない。芸術家は強い個性の持ち主でなければならない。けれども〈美そのもの〉として遠くに見えている光は、純粋に客観的なものでなければならない。その光に導かれそこからエネルギーを得ながら、しかしいつまでも満たされることなく芸術家は制作を続ける。それは自分から最も遠く、しかも自分自身の内部にある何ものかである。芸術家とはそういうものであるはずである。

以上は〈美のイデア〉の無時間相における実在性（ある）である。もう一つ時間相においてもそれは実在する（あった）ものでなければならない。すなわち、花や美女や美の感覚（美意識）が出現するよりも先に、つまり人間より先に〈美〉があった、ということでなければならない。〈美〉は常にすでに存在しているのでなければならない。

それとも〈美〉は宇宙歴史のどこかで全く何もないところから生まれたものだろうか。そういう仮説を取るとしよう。もし宇宙歴史のどこかで無から生まれたのだとすれば、それは人間の誕生とともに発生したということになるだろう。すなわち人間が生まれ、やがて美的感覚を発達させ、しかる後に〈美〉が生まれたということになるだろう。しかしそう考えるなら、我々の美の感覚はもっぱら我々自身に依存した、偶然的・相対的なものにならざるをえない。そこにはダーウィニズムの競争の原理、適応の原理と同じものを持ち込まざるをえないだろう。我々は美しいものに対する感受性をもつようになり、美しい環境に囲まれて生きているが、これは自然の勢いでたまたま今あるような環境が生き残っただけであり、それを美しいと感ずる我々の感覚も、適応の結果たまたまこういう形で生き残ったに過ぎない。従って裏返して言えば、仮に青空の代わりに赤空が天を覆い、花々はすべて灰色か黒色であり、小鳥はすべて耳障りな声で鳴いたとしても、そういうものに適応しそういうものを美しいと感ずる人間が生き残ったはずであって、美の絶対性などというものはない、それは相対的なものに過ぎない、ということになる。

しかしそういう仮説を受け入れる人が、いったいどれくらいいるだろうか。それは人間を含めたこの世界に対する恐るべき底意地の悪さと悪意に満ちた仮説である。そこにはこの世界の美的調和に対する驚きや感謝の念など微塵《みじん》もない。この調和は美的調和を超えて、人間と宇宙環境との間の奇跡的に絶妙な数値上の調和として、物理学者のいわゆる「人間原理」[8]として知られたものでもある。この点でもマルクス主義は徹底していた。マルクス主義者は、人間などというものは物質的・経済的な土台を入れ替えてやれば、美意識などいくらでも変わるものと考えた。戦後まもなく、北朝鮮が偽りの宣伝によって日本から半島出身の人々を大量に招き寄せたころ、ある人が入国と同時に、大切に持っていたベートーベンのレコードを目の前で叩き割られたというエピソードは、この思想の恐ろしさと愚劣さを如実に物語るであろう。

美の絶対性と自由

我々はもう一方の仮説を取らざるをえない。生命は宇宙歴史のどこかで無から（物質から）生じたのでなく最初からあったと考えざるをえないように、〈美〉も無から発生したものでなく最初からあったと考えざるをえないのである。そして生命が発展すなわち創造をその本質とする以上、生命と〈美〉を分けることもできない。創造とは、より美しいものを実現することが少なくともその本質の一部でなければならないからである。〈美のイデア〉とは従って、分有されるあらゆる個別的な美の源泉であるとともに、美を実現しようとする宇宙意志の源泉とも考えられる。そういうものとして〈美のイデア〉を考えるならば、それは宇宙設計の形相の形相、すなわち宇宙の青写真そのものの根源とも考えられ、宇宙創造の動機が一つの強烈な芸術的衝動であったと考えられるのである。

我々は皆がみな芸術家であるというわけではない。けれども〈美〉を実現しようとする強烈な衝動だけは、すべての人が持ち合わせているのではなかろうか。持たないと主張する人は、その人の中でそれが眠っているに過ぎない。来るべき新時代が唯物論を克服して我々の願う方へ向かうとするなら、そこでは芸術とか創造という概念が最も重要なファクターになるだろうと思われる。これはあえて予言することができる。我々はこの衝動を〈創造主〉と共有するのだと言うことができる。我々の美意識も、我々を取り巻く環境の美も、〈神〉によって作られたものであり、我々は〈神〉と同じ美意識を共有するのだと言うことができる。〈神〉と同じ方向を目指して生きているとも言える。人間は神に似せて創られたと言われる通りなのである。

我々は美意識と美への衝動を〈神〉と共有する。もし我々がダーウィニズムによって説明され、マルクス主義理論に行き着いたような美の解釈を拒否するならば、そう考える以外に考えようはない。ここから、我々の芸術活動は神の芸術活動の一部でなければならないという芸術論が導き出されるが、人はふつう芸術をそういうものとは考えない。芸術とは人間独自の、人間の自力による、人間の栄光のための営為だと思われている。しかし、人間が自らの栄光のために、自力で美意識を発達させ、独自に芸術を作り出したなどという考え方は、あたかも人間が自力で自分の生命を作り出し、自分で自分の存在を作り出したというのと同じ愚かしい考え方であることに、人は気づかないでいるのである。

従って美は絶対的なものであって、相対的なものではない。美は価値である。生命も価値であると私は前に言った。そしてこの宇宙現実は、価値という目に見えぬものが先行するのだと言った。人間が現れて価値を発明したのではない。そのように認識するならば、価値相対主義だとか価値の多様化などと、あたかもそれを自由な人間の栄光であるかのように言う思想が、いかに浅薄な思考のレベルから出てきたものであるかが分かるであろう。これが宗教を離れた世俗主義としての「人間中心主義」として、近代人の通弊として知られたものである。要するに人間が自分というものを見失い、自分が分からなくなっているのである。

美の絶対性とか価値の絶対性とか言うと、「では人間の自由はどうなるのだ、我々は権威に盲従しなければならないのか」などと愚かなことを言う人々がいる。これは自分が何ものであるかを知らないから、もっとはっきり言えば、自分が偶然生じた生命の末裔《まつえい》であると思い込んでいるから、そんなことを言うのである。我々には自由がないどころか、我々は我々の根源によって自由を保証されているのである。根源から離れて自由はない。我々は糸の切れた凧《たこ》の自由を自由とは呼ばないのである。根源から離れて破滅の道を進むことも、自由だといえば言えないことはない。そして不《ふ》貞腐《てくさ》れてそういう自由を称揚し喧伝《けんでん》する無責任な輩がいるのが現状である。それはしかし自由とは呼ばれず、放縦とかわがままとか呼ばれるものである。

強烈な個性をもった人間ほど、おのれを抑えてより大きな全体の中に生きようとするものである。取るに足らぬ個性の持ち主ほど、おのれを誇示し、「権威」や秩序からの自由を主張したがるものである。これは芸術論であるが、私は芸術を広い意味に用いている。あくまで「人間学」としての人間の本来のあり方について言っているのである。二十世紀という時代は芸術にとって有利な時代であったとは言えない。なぜなら唯物論的な精神構造が一般民衆の意識の根底をなすような時代は、芸術が栄えるような時代ではないからである。そこでは芸術は、細分化した科学と同じように、特殊な人間の特殊な感覚の問題としかみなされない。芸術と宗教はきわめて近い概念であり、またそう解釈しなければならないと私は思っているが、宗教が唯物論的土台――これまでに論じてきたような二者択一の一方の選択――の上に根付くことがないのと同様、芸術も唯物論的土台の上に根付くことはできないのである。唯物論的芸術などという奇怪なものは、唯物論的宗教と同じくありえない。そのことに気づかない限り、新世紀を迎えても芸術が栄えることを望むことはできない。そして芸術が栄えないということは人間が栄えないということである。

ここでも再び二者択一の選択を迫られる。我々は自己自身を偶然発生的存在とみなして、芸術というものを自己を賛美する営為と捉えるか、あるいは自分を超えたものに根源をもつ存在としての自覚の上に立って、芸術というものを神を賛美する営為と考えるかのいずれかである。我々はこの点について曖昧であってはならない。根本的に考える限り、この二者の間に中間案も折衷案もないのである。

神から委託されたかのように作られたもののみが芸術の名に値するのである。これは芸術作品に限らない。科学上の、あるいは数学上の発見であっても同じである。およそ我々がものを考え出し作り出すということは、我々がそこから発しそこに根を置く宇宙生命の創造活動あるいは自己実現活動そのものとして考えなければならないのである。だからといって我々が自分をなくするわけではない。「神に委託されたかのように」個性を発揮するということである。私が何か大げさな、現実離れしたことを言っているように聞こえる人は、自分というものの誤解の上に立っているからにすぎない。プラトンの洞窟の囚人が思い切って首を反転させることによって世界が変わったように、ごく簡単な頭の転換によってそうは聞こえなくなるはずである。

「私を超えた存在」の自覚

この宇宙現実には「見る」ということがまずある、誰がということなくして「見る」ということがまずある、ということを前提としなければならないとするなら、私が見るのは私を通じて私を超えたものが見るのである。私が聞くのは私を通じて私を超えたものが聞くのである。私が生きるのは私を通じて私を超えたものが生きるのである。聖パウロが言ったとされる「もはや私が生きているのでなく、私の中にあってキリストが生きておられるのだ」という言葉のことを、私は先に感動は感動として尊重するけれども、これは人間として当たり前の、人間的事実を述べているだけだと言った。このようなことが神秘でもなく、異常心理でもなく、生きるということがそもそもそういうことなのだと、我々は悟らなければならない。いつまでも間違った人間解釈にしがみついていてはならないのである。

すぐれた芸術家や詩人のほとんどが体験すると思われるいわゆる入神体験も、格別に驚くことではないであろう。人は一般に神懸《かみが》かりとかインスピレーションとかいえば、何か特別に異常な、怪しげなことのように考える。しかしこれは、そのように意識するにせよしないにせよ、芸術制作や科学や数学上の新しい発見に伴うごく普通のことなのであり、「もはや私が作る（考える）のではない、私の中にあって私を超えたものが作って（考えて）いるのだ」というのが、真剣に物を作り、考え、行動する人間の経験だと言ってよいだろう。およそ責任という概念は、我々のそういった深い自覚からしか生まれない。こういったことを、特別偉い人だからとか、特別に才能を持った人だから、といったように考えてはならないだろう。

〈美のイデア〉とは、個々の美しいものや、我々の美意識が生まれる以前から存在している美のことである。そして〈美のイデア〉とは、今も生きて働いている、美を作り出そうとする力あるいは勢いと考えることもできる。ひとつ卑近な例をあげてみよう。我々の周囲には現在、かつて見たことのなかったような、主として外来種の様々な花が満ちあふれている。あまりにも見事で繊細なこのような花々がこの世に存在するということ自体、生存競争という観点から説明できるものではないが、ただ、このような花々がすべてこのまま野生の状態で最初からあったわけではなかろう。それは品種改良家（新品種創作家）の努力の結果このようになったに違いない。我々は普通これを人間の栄光に帰するであろう。けれども花は機械ではない。自然が協力してくれなければ品種の改良はできないはずである。そしてその自然が、人間の手の介入をきっぱり拒むということも考えられるはずである。現実には自然は、あたかも自らが美しい花々を作り出したがっているかのように、人間に協力を惜しまないのである。大自然は人間を通じて、より高度な美を生み出そうとしていると考えられるのである。

我々は〈神〉と美意識を共有し、〈神〉と協同して美を作り出すのだと考えざるをえない。その自覚から、そしてその自覚からのみ、人間の責任という概念が生まれる。人間が人間としての責任を果たすとは、宇宙意志の方向を無視したりこれに逆らったりするのでなく、これに自らを同調させ協力することでなければならない。花は一例に過ぎない。果物や穀物もそうであろう。家畜やペットもそうであろう。我々はいま生活環境をかつてなかったほどに変化させる技術を持っている。遺伝子操作技術もその一つであり、我々はその無制限な暴走に対して漠然とした不安だけはもっている。我々は責任を負わされていると感ずる。しかし生命に対する正しい認識をもてないために、技術のみ発達しても、どうしてよいか分からないでいるのである。生命が物質から偶然発生したというような浅はかな生命観の上に立つなら、人の責任とか生命倫理とかいっても、それはその場限りの人間の都合による責任や倫理でしかありえない。それは絶対的なものではなくなる。そもそも基本的に唯物論的な土壌から、責任も倫理も、従って行動の方向性も生じようがないのである。

私は生命についての正しい認識の有無が、遺伝子操作のような技術そのものに影響を与えると思う。私はここで広い意味での芸術について話を進めている。技術は芸術ではないといっても、それが「開発」するものである以上、単に機械的なものではない。技術のみならず、科学も広い意味の芸術に含めることができる。機械的芸術などというものがありえないように、純粋に機械的な技術などというものもなかろう。芸術家や科学者がそうするように、技術者も宇宙意志、すなわち生命としての宇宙そのものの向かう方向に、おのれを無にしてじっと耳を傾けなければならないだろう。これを無視して自己中心的に技術開発を進めるならば、それはある程度までは進歩しても、それ以上は自らの躓《つまず》く石を作ることになるだろうと予想できる。ちょうど悪事を働く者が、ある程度まではうまくいっても、いずれは頓挫《とんざ》するであろうというのに似ている。私は宗教家のようなことを言っているつもりはない。最初の仮説から生ずる帰結のことを言っているのである。

　生命が機械的側面を持っていることを突き止めたのは、現代科学の誇りというべきであろう。しかし生命は意志を持っている。あるいは意志そのものである。その意志とは宇宙歴史の方向性そのものである。宇宙歴史とはベルクソンが言ったように、一度限りのもの、すなわち絶対的なものである。従ってその絶対の方向に逆らうことは、ある範囲までは許容されても、やがて挫折するだろうということが予想できるのである。分子生物学のような生命科学といわれるものに携わる人々の研究成果にも、この基本的な生命観が影響をおよぼすであろうと私は思う。基本的な生命観がどうであろうと、研究室でなされる研究の方法や対象、またそこで使われる言葉にさえ変わりはないかもしれない。それは還元主義的な、機械論的な方法でしか進められないのかもしれない。しかし生命をあくまで物質から発生した物質の特殊状態として考えている研究者には、生命はその研究者の観念に合わせた顔をしか見せないであろう。ちょうど唯物史観という観点を取る歴史家には、歴史はその観点に合わせて、そうとしか考えられないような様相のみをあらわすようなものである。けれども歴史も生命も、物理力という観点から捉えた様相をもってそのすべてと考えることはできない。生命は物質を含むことができるが、物質は生命を含むことはできない。生命というのは「全体」という概念なしに考えることのできないものである。この「全体」とは何であるか。このことを次の問題として考えてみたい。

11 「全体」という概念――「ホーリズム」について

還元主義的パラダイム

私は前著『意識の再編』の中で、この世界を悪意とか敵対とか、色とか欲とか自己主張とかいった観点で見ようとする者には、世界はそれに合わせた相貌をもって現れるのであり、したがって自分の観点を実証する非の打ち所のない理論をいくらでも構築することができるだろう、と書いた。そしてそういう趣旨のデイヴィッド・ボームの文章を引用しておいた。(9) そういう試みは、それはそれで咎めだてすることではない。およそ学問というものは、理論構築遊びの要素を払拭することのできないものである。けれどもその理論がそれなりに一貫しているからといって、他の観点を異端視したり、存在し得ないものであるかのように言いふらすというのは、どうみても頭の弱さの証明でしかない。だが現実には、ものを見る観点というのはその九〇パーセントが情念であると言ってよく、人はほとんど他人の観点に立ってみるという度量を持たないものである。狭量と偏見というのが人間の最も大きな特徴だと言えなくもない。

生命とか人間存在とかいう問題について論じようとするとき抵抗が生ずるのは、自分の立っている観点の見直しを迫られるからであり、それは宗教的な改宗を迫られるくらいにつらいことだからである。しかし幸いというべきか、トマス・クーンの『科学革命の構造』(一九六二)という書物の影響で「パラダイム」という言葉が一般化したことによって、自己の観点の相対化という余裕ある態度が、多少は人々の身についたと言えるかもしれない。「パラダイム」とは、物の見方・考え方の基本的な枠組みのことであり、人は誰でも、あるいは一つの文化はどんな文化でも、何らかのパラダイムの上に立っている。ただそれがはっきりと自覚されているかどうかと言えば、自覚されていないことの方が多いということは、最初に述べた通りである。しかしそれは無意識であるがゆえにこそ頑固なのであり、私が本書で企てるのはその無意識の領域に分け入って、前提されていることの是非を吟味することにほかならない。

「パラダイム転換」という言葉が最近よく聞かれる。それは主として科学者の考え方の前提の見直しを迫るものとして使われることが多い。先にも述べたように、科学といえば「分けるもの」と考えるのが一般であった。今もそれが一般常識であるだろう。何かわからないものに遭遇したとき、「科学のメスを入れる」などという言い方が何の疑念もなしに用いられる。分ければ、つまり分析すればそのものの正体をつかむことができる、というのが長年の我々の常識であった。これは何によらず、物はその構成要素に全体の秘密が隠されているという信念によるものである。これが物の正体に迫る有力な方法であることは、近代科学が証明してきた。しかし有力とはいえ、これは物の正体に迫る一つの方法であり、万能ではないという認識に、最近の科学者や哲学者は到達したのである。特に対象が生命である場合、あるいは生命的なものである場合、それは当然の認識であると言えるだろう。ちょっと考えてみても、何かわからない対象が生きているらしいとしたら、メスを入れれば死ぬのであり、生命をとめた状態で生命を研究するというのはいかにも不合理だと言えるだろう。しかし、そのような方法が何の疑念も挟まれずに科学の態度としてこれまであったとすれば、それは今、「還元主義的パラダイム」と呼ばれて相対化されることになったのである。ニュートン以来の科学的世界観であるこの還元主義は、機械論とも決定論とも原子論とも呼ぶことのできるものである。

生命論的パラダイム

還元主義の分析の方法に対して、物は分析するのでなく、それが置かれている全体の中に組み込むことによってこそ、その正体を知ることができるというのが「全体論《ホーリズム》」であり、これを宇宙解釈にまで広げたものが「全体論的《ホーリスティック》パラダイム」である。またはこれを「生命論的パラダイム」と呼ぶこともできる。「生命論的パラダイム」という呼称は、「生命（あるいは生命＝意識）が存在論的に物質に先立つ」という我々の基本的仮説をサポートして分かりやすいものにするだろう。注目すべきは、この還元主義《リダクショニズム》に対する全体論《ホーリズム》が、少数ではあってもむしろ科学者によって支持され、科学と宗教の統一への方向が科学者の方から示唆されているということである。なぜなら、これら二つの逆方向の物の見方のバランス、あるいはこれを相互補完的なペアとして見るということを通じてしか、科学と宗教の統一的視点は生まれないからである。プラトンの洞窟の比喩に示されている物を見る二つの方向というのも、実はこの還元主義とホーリズムの二方向のことだと考えることができる。突き当たりのスクリーンに映った影絵は目にやさしく対象化しやすく、手元に引き寄せてすみずみまで分析することが容易である。入り口の方からくる光は目を痛めるかもしれず、「分析」することはできない。けれどもそれが影絵の世界を生かし成り立たせている当のものである。

注意すべきは、ホーリズムという視点の到来によって還元主義的な従来の方法が無効になったとか、時代遅れになったとか考えてはならないことである。無効になり時代遅れになったのは、還元主義的パラダイムのみを唯一の真理にいたる道として信ずる妄信のほうである。

人間を超えた上位の「全体」

私は「全体論」の「全体」について一般に誤解があるのではないかと思う。「全体論」とは確かに「全体は部分の総和以上のものである」という考え方から出ているだろう。部分は全体より小さいのだから、そこには量的大小の意味合いが入ってくることは確かであろう。しかし全体論の「全体」は本質的には、量的全体でなく質的全体性なのである。そして下位のものがその中で生かされている上位の「全体」は階層（ヒエラルキー）をなして次第に高次の全体になっていくだろう。「部分ないし個体がその中で生かされる全体」という生命的「全体」概念はどこまでも高次のものになっていくだろう。それはどこか程よいところで止まって、そこから下へ降りてくるのだろうか。それはどこか有限の可視的世界から始まってそこから下降すると考えるべきだろうか。そう考えることはできない。それは不可視の世界の究極の全体から始まると考えなければならない。そしてその究極の全体こそ、我々が存在論的に先立つと仮定する宇宙生命あるいは根源的生命でなければならない[10]。

この究極の全体は不可視の〈美のイデア〉が実在すると考えざるをえないように、実在しなければならないものである。我々の仮説は、存在の構造として「質（価値、意味、目的）が量に先立つ」ことを系として要求する。もし造語することが許されるなら、私はこの究極の全体を「完=全体」あるいは「健=全体」と呼びたいのである。**Holism**という語は一九二六年の用例が最初とされるが[11]、私はこの語の語源を考えてみることが、その概念を摑《つか》むのに大いに参考になると思う。この語は英語の**entire, whole**（完全、全体）を意味するギリシア語の**holos**から来ているのだが、この同じギリシア語から英語の**whole**のみならず、**heal**（癒す）、**health**（健康）、**hale**（元気盛んな）、そして意味深いことに**holy**（神聖な）が出ているのである。したがってホーリズムとは、完全、健全、癒し、それに神聖さを内包する概念であり、宇宙をそうした意味での「全体」として捉える観点だと考えてよいのである。まさに質的全体、「完=全体」「健=全体」なのである。

生命体の個々の部品や、個々の生命体がより上位の生命的「全体」を構成し、その「全体」のために存在すると同時に、それによって「生かされている」。「生かされている」ということは、生存を保障されている、つまりそこから離れれば死ぬということであるとともに、自分の生きる意味と価値と目的をそこから与えられているということである。細胞は組織のために生き組織によって生かされ、組織はそれが構成する器官のために生きそれによって生かされ、器官はそれが構成する系統のために、系統は中枢をもった人体のために生き、その中で生かされている。それぞれの存在の意味と価値と目的は、その上位の「全体」からしかこない。しかし人体が最終的「全体」であるわけではない。人体は心あるいは魂を宿し、そのために存在するものとして、つまり人格というより上位のものによって意味を与えられている。しかし個々人の人格はそれ自体で意味を持つだろうか。個々人の人格はより大きな人間の全体の中で意味を与えられ、人間のすべてが人間を超えたものによって命を与えられている以上、人間は自分の存在の意味や価値や目的を、自分で決めることはできない。人間存在の意味や価値や目的は、人間を超えた上位のより大きな「全体」からくるよりほかはない。自分という存在の意味は、自分以外の者、あるいは自分を超えた共同体、さらには人間を超えた大きな生命との関連においてしか生まれないのである。人間が存在のヒエラルキーの終着点であるわけではない。自分が何のために生まれてきたかという問いに対する解答は、自己というレベルの中では与えられていない。人間は自分自身のために生きる存在ではない。もしあくまで自己中心主義を貫くなら、それは結局、自己否定・自己破壊につながるということが、頭で考えた倫理・人の道などでなく、この自然の秩序から導き出される道理であることがわかるであろう。むろん我々は「究極の生命的全体」といったものを見ることも摑むこともできない。けれどもそういうものを想定せざるを得ないのである。

ホーリスティック医学

かくして「ホーリスティック・パラダイム」という現実把握の方法は、究極的には「宗教的パラダイム」とも呼びうることが了解されるであろう。この思考の枠組みは、たとえば治療とか障害といったものを全く新しい目で見ることを可能にする。東洋医学とおおまかにいわれるものは、まさにこのホーリズムによる治療法である。周知のように、西洋医学では患者を診るとき患部そのものに注目し、そこに集中攻撃を加える。場合によってはそれを切り取ったりする。これに対して東洋医学では不調和を起こしている患者の全体をまず診るのであって、患部そのものはむしろ二の次である。還元主義・機械論の西洋医学とは全く逆に、東洋医学は患者の故障の原因を、まずその患者の身体全体に、次には心身複合体に、さらには人間的環境・自然的環境との複合体に、そして究極的には、その人がそこに取り込まれ生かされている宇宙そのものとの関係の乱れに求めようとする。これが西洋医学的観点からすれば、神秘的で全く理解不能であるにもかかわらず、事実上、おそらく何千年にもわたって実効をあらわしてきたのである。これは倫理すなわち人の道・天の道にはずれた行いと身体の故障を、同じ視点で見ることを可能にし、かつ要求するものである。「法輪功[12]」と呼ばれ、いま中国本土で弾圧を受けている宗教運動が、健康法でもあり宗教でもあるのは、先に説明した語源的ニュアンス（健全、完全、神聖）通りの「ホーリズム」の哲学の上に立つからである。

だからといって、先にも言ったように、西洋医学を捨てて東洋医学を取れ、ということにはならない。要は、還元主義や分析とは反対の、「全体」の方向に向かう現実把握の方法がなければならぬということ、人は単眼的でなく複眼的でなければならないということ、西洋的思考である科学と東洋的思考である宗教は、統一された一つの知恵でなければならないということ、そういう認識をもつことである。

このような「全体」的観点は、病気とか障害とか治癒とかいうものの概念を大きく拡大するものである。すなわち個人の身体的・精神的不調和から、人と人との不調和である家庭不和や他人との不和、大人や青少年の非行や犯罪あるいは「オウム事件」のような社会的不和、あるいは人間と人間の利用する自然環境との不和、さらには国家や民族同士の不和である戦争にいたるまで、すべての不調和を原理的に一つの病気あるいは障害として捉える。

「ホーリスティック医学」というものが、いま欧米でも「補足治療」あるいは「代替治療」として盛んに取り入れられ、大幅な医療費の節減にもつながっていると聞く。これが功を奏するための条件は、医師と患者の間で正しい世界観、正しい人間観が共有されることだろう。癒しをほどこす者と癒される者が、生命的つながりをなしていなければならないだろう。文化人類学的事例として、一つの共同体の中に病人が出ると、それを共同体全体の病気とみなし、全体がその病人から学ぶという姿勢で治療に当たる場合があるという。これは我々の西欧化された社会が忘れていることを気づかせてくれる。特に心の病を持つ人々に対して我々はどう対処するであろうか。そもそも他者との関係なしに心の病というものは存在しないはずである。それは必ず共同体との齟齬《そご》という形を取るであろう。つまり病む者と共同体との関係が病んでいるはずなのである。これは、権威者としての専門医が高圧的に処方するという形では解決しないはずである。極端な場合それは、患部を取り除いて個体の健康をはかるのが西洋医学の精神であるように、患者を強制的に隔離して社会の健康をはかる、つまり強制収容所送りというようなことにもつながるであろう。それでは何も解決しないが、これが還元主義的・機械論的医学というものの本質である。

私は西洋医学の悪口を言うためにこんなことを書いているのではない。この社会の基本的精神構造が、西洋医学的・唯物論的・反宗教的（今や「宗教的」という言葉の意味が誤解されることはないであろう）であるために、〈病気〉に対する正しい診断ができず、治療の方法も見出せないでいると言いたいのである。もっとはっきり言えば、我々が総じて自分自身の解釈を基本的に間違え、自らの根源を忘れてしまっているために、〈悪〉一般に対処することができなくなっているのである。

高次の原理を否定した悲劇

今、日毎にますます深刻化しつつある少年から大人までの非行や犯罪はすべて心の病というべきであり、それはこの社会そのものに内在する病の、外に現れた症状と解すべきであろう。我々は正常、彼らは異常、だから彼らを「矯正《きょうせい》」してやるという考え方からは何も生まれないはずである。むしろ我々は彼らに学ばなければならないのであり、彼らに学ぶとは、彼らを通じて我々自身を知るということである。我々の社会全体が何かを根本的に欠いているから、少年たちはそれを敏感に、しかし自分ではそうとは知らずに感じ取るのである。それは「荒れる」、つまり心も行動も荒れすさむという現象となって現れる。彼らは初めから犯罪者であるわけではない。彼らは何かを求めているに違いない。しかしそもそも何を求めてよいかが分からないでいるのである。ニヒリズム（虚無主義）といわれるものが徹底すればそうなる。ニヒリズムという言葉があるうちはまだよい。その概念すらなくなったとき社会は全く方向を見失う。これは「やさしい心」とか「思いやり」の育成によって解決するようなものではない。

　我々がその中で生かされ、そのために生き、自分の存在がそちらへ向かって開かれ、そこから生きる意味を与えられている「究極の全体」というものが、我々の意識の中に不断に存在しなければならないのである。たとえそれが目に見えず掴むこともできないものであろうとも、それが我々を導く原理として、向かう方向として、我々の日常生活の中に生きていなければならないのである。細胞は自分の存在の意味を自分のレベルの中に見出すことはできない。それは細胞より上位のレベルからくる。人間存在の意味も人間的レベルの中に見出すことはできない。一人の人間としてでも、家族としてでも、国家としてでも、人類としてであってさえ、自己の存在の意味が自己自身の中にあり、自己の存在の目的が自己自身であると考えることはできない。もし先に引用した「主体《チュチェ》思想」の教えるところが真理で、人間とは物質によって構成されたもののうちの最高の存在であるに過ぎないとしたら、存在のヒエラルキーは人間止まりで人間が宇宙最高の存在なのだから、人間の目的は人間自身、私の目的は私自身、ということになるだろう。このような思想に基づいて世界を改造しようとしたのが、「啓蒙思想」から共産主義にいたる一大実験であったと考えられる。しかし共産主義は必然的に、最高の存在たる「人間」を押さえ込まなければ収拾がつかなくなるのであり、そのために神に代わる強力な独裁者を必要とした。これが大破綻をきたしたのは周知の通りである。そうなるのはベルジャーエフ（一八七四～一九四八）やドストエフスキーが、共産主義が世界的なものになるずっと以前から知っていたことである。あえて前著に引用したベルジャーエフの文章をここに再び引用する。

人間的個性、人間的人格が自己を肯定するためには、自己自身よりも更に高い原理と結ばれていることを意識しなければならない。そのためには他の原理すなわち神の原理の存在を認識しなければならない。人間的人格が自己自身しか知らないと主張するならば、それは自己より低い自然的な元素的力の侵入を許容し、自らその元素と化することによって、解体されてしまう。人間が自己自身以外のなにものをも認識しないならば、彼は自己自身を認識することをもやめる。……自己以上のなにものをも認めようとせず、自己をヒューマニズム的過程の極限と考える無際限の自己主張は、人間の破滅を招来する。ヒューマニズムは人間に逆らい、神に逆らう。人間以上のなにものもないならば、人間を超えて更に高いなにものもないならば、人間が人間的領域の中で定められた原理以外のいかなる原理をも知ろうとしないならば、人間は自己自身を知ることをもやめる。高次の原理を否定した結果は、ここに人間が宿命的に、低次の、超人間的ではなく没人間的な原理に隷属するにいたる。そしてこれが近代史における、神を無みするヒューマニズムの長い過程の不可避的な結果である。(13)

「自分は共産主義は嫌いだが、お前やベルジャーエフの言うような、人間より高い原理だとか人間を超える存在などというものは認めたくないのだ」などと言う人が読者の中にいるであろうか。もしいるとしたら、その人には人間をやめてもらうよりほかはない。ベルジャーエフも強調し、本書のはじめから私も言っているように、これは二つに一つの選択であり、折衷案も中間案も残念ながらないのである。

宇宙的な高次の秩序というものを我々は認めなければならない。この秩序（order）は神の命令（order）でもある。Holismという概念には、侵すべからざる宇宙の秩序、神の命令という意味合いが含まれる。これがすなわち倫理道徳を含めた宇宙大自然の法則というものでなければならない。個人の病気も、社会の病弊も、犯罪も、性的紊乱《びんらん》も、環境破壊とそこから受ける復讐も、戦争や殺《さつ》戮《りく》も、この宇宙的秩序を破ること、神の命令に背くことであり、宇宙全体の調和・健全を乱すことだとする観点がなければならないのである。キリスト教は、その原点となる最初の宇宙的秩序（命令）の侵犯がエデンの園で人間始祖によってなされたと説くのである。そういった宇宙秩序の侵犯のすべてが、何ほどか神聖を汚すもの（unholy）であり、不健全なもの（unwholesome）なのである。

第二章

倫理道徳の根拠とその意味

1　少年非行と方向喪失

哲学不在の社会

非行少年の振舞いから社会は学ぶべきだと私は言った。少年の非行や犯罪は、大人の犯罪行為とは意味が少し違うであろう。少年がすべて純粋だとは言わないにしても、今から始まる自立すべき人生に、何ほどかの不安と真剣さをもって立ち向かおうとしていることだけは例外がないであろう。彼らは例外なく、生きるべき方向すなわち哲学を求めているのである。哲学という最も人々から縁遠いものが、実は最も人々から要求されているものであることは先に述べた。そしてそれは突きつめれば、人間解釈、自己の根拠・起源の正しい把握ということに尽きるのであり、これは二者択一の選択の形でしかありえない。ところが人は大抵この問題を避けて通るか、曖昧にしたままで、その先の議論を急ぐのである。あたかもその先に議論が成立しうるかのごとくに。しかし青少年は知能に関係なく敏感である。おそらく彼らはこの社会に骨がないことを感じ取っているのである。骨がないということは、全体としての態度がはっきりしないということであり、方向がないということである。

青少年問題を解決するためには情操教育をもっと盛んにせよ、例えば短調の歌曲をもっと聞かせるがよい、というような意見がある。しかしこれは猛《たけ》きもののふの、あるいは木石のような心を和らげるということではないはずである。精神を高める最も崇高な音楽でさえ、もし〈哲学〉の占めるべき場所が空虚であったら、それは不安をかきたてるだけかもしれない。逆に、いわゆるスパルタ教育によって青少年の心身を叩き直せ、という意見もある。しかしこれも、〈哲学〉の占めるべき場所が空洞になっていたら何の効果も生まないだろう。試みに近くの青少年に、「君が命を与えられて生きているのはなぜか」と問うてみるがよい。おそらく彼らの大多数は、しばらく考えて、「偶然です」と答えるであろう。これはこれで生命偶然発生説という立派な唯物論哲学ではないか、と言う人があるかもしれない。しかしこれは哲学の名に値しない。彼らが真剣に考えたすえの結論ではないからである。しかもなお悪いことに、真剣に考えないということ自体が受け売りである。つまり教育と風習のだらしない産物なのである。私がいつも学生たちに言っているように、徹底的にものを考えて考え抜いたあげくに、宗教という次元に立ち至らなかったとしたら、それは徹底的に考えなかった証拠に過ぎないのである。

　この社会にやさしさが足りなくて、猛々しく自己中心になっているというわけではない。それはより根本的なものの欠如の一つの現れに過ぎない。端的に言えば、自分自身のあるべき場所が人々に分からなくなっているということである。自分が偶然的存在、つまりある人が言ったように「こんなものが偶然出来チャッタ」存在であるならば、自分とは物的存在であり、自分のあるべき場所は自分自身でしかないだろう。しかし奇妙なことに、いくら自分の中に自分を求めても、そこに自分は見つからないというのが「人間学」的現実である。その一つの証拠は、阪神大震災のときの人々の無私の行動であったと思う。あのとき、平生は不良グループと目されていたような若者たちが献身的に救援活動を続けたという。明らかに彼らは、自分でないものの中に自分を見出したのである。聖アウグスチヌスや聖パウロの言葉について言ったように、感動は感動として措《お》くとして、それが人間的事実なのである。『夜と霧』で有名なヴィクトル・フランクルがこう言っている。

人間の姿はまず基本的に、心の平衡であれ快楽であれ他のいかなるものであれ、自分の内にある何物かとして表現されている。しかし現実には、人間であるということは、常に自分を超えたところを目指し、常に自分以外の何ものか、自分以外の誰かを志向するものなのである。それは意味を満たすことであり、他の人間に出会うことである。少なくとも人間は、快楽やいわゆる幸福の追求のみに第一義的に関わるものではない。実際は――意味への意志により――満たすべき意味、遭遇すべき他の人間を求めているのである。そしてひとたび意味を満たし他者と遭遇できたならば、この理由で幸福となるのである。また、ひとたび幸福の理由ができると幸福は自動的に継続する。反対に意味や他者へのこの正常な追求を放棄したり、快楽への意志や「幸福の追求」がこれに取ってかわると、幸福は危うくなり崩壊する。幸福は意味充足の結果として生ずべきものである。それが幸福は追求できないという理由である。(1)

これは人間的・「人間学」的事実を言っているのであって、このように生きる人が偉いとか、このように生きるべきだとか言っているのではない。なにゆえに他者や自分を超えたものを目指して生きることが意味充足になるのか、フランクルはその根拠を語っていないが、その根拠の学問的追求と論証こそ本書の課題となっているものである。

我々がそのためにあり、そこから生きる意味を与えられ、そのものによって自己が自己となる、自分自身を超えた存在、自己原理ではない原理といったものがなければならないのである。私はこの社会に哲学がないと言った。骨がない、方向がないとも言った。永遠の真理、絶対の真理がない、とは言っていないのである。私が最初から貫いている態度は、人間にはその時々の最高の仮説というものがあり、賭けとしてその仮説を信じなければならないということである。我々は賭けとしての仮説のことを「哲学」というのである。もっと分かりやすく言えば、それは生きる決断であり、毅然たる方向設定のことである。それがないと言っているのである。なぜないのかその理由如何《いかん》とならば、それは怠惰であり、思考停止であり、偏見であり、自らに対する悪意であり、宗教的にいえば堕落の結果であり、そのすべての複合であると言うべきである。

私物化できない人生

一つ実例によって語るなら、私のかつての勤め先の近くに公立の中学があり、その正門の脇に「大切に生きよう、一度限りのこの人生」と大書した看板がかなり以前から固定されたままになっている。確かにこれを取り外す理由はないどころか、ますます必要になっているだろう。これを意地悪く勘ぐれば、「公」のために犠牲になるのはやめて自己本位に生きよう、という左翼的な意味にも取れるが、そうではないであろう。これは自分の命を粗末にするような青少年の「荒れた」振舞いに対して、何とかこれを「まともな」状態に立ち返らせようとして考案された標語であるに違いない。その効果はともかく、教育的意図は十分に伝わってくる。これは誰もが納得できる標語であろう。けれども、かりに鋭い生徒が中にいたとして、「一度限りの人生を大切に生きなければならぬ理由を言ってくれ、その根拠を示してくれ。納得できる理由や根拠がないなら、私は人生を大切に生きるつもりなどさらさらないのだから」と言ったとしたらどうであろうか。おそらくこれに答えられる、あるいは答えようとする教師や大人はいないであろう。これは教師が劣っているという意味では決してない。そういう質問には答えられない、あるいは答えないことに日本の社会がなっているのである。

　理由も根拠もちゃんとあるのである。それは自分の命は自分のものであるが同時に自分のものではないということである。我々の出発点としての生命論的パラダイムが、そういう矛盾律のような自己規定を要求する。これは宗教という以前に、人間的あるいは「人間学」的事実であるのだが、人はふつうこれを、人間は「生かされている」存在だからとか、神に創造された存在だから、と宗教的な言葉で表現するのである。ところが現在、日本の公立学校では、そういうことは口が裂けても言えないことになっている。まず日本国憲法が宗教教育を禁止している。とりわけ特定の宗教の匂いのするかもしれない「創造」とか「生かされている」などという言葉は、教えても使ってもいけない。だいいちそれは「非科学的」なこと、すなわち迷信であり、そんなことを口走っただけで教師の資格を疑われる。更には現実問題として、左翼や左翼的な教職員組合からの有形無形の圧力があり、これには逆らわないのが賢明である。従って教室でも家庭でも、その問題はタブーとして避けられるか、問題そのものが存在しないか、あるいは積極的に、人間とは「偶然出来チャッタ」「物質世界の特出した産物」だと教えるかいずれかなのである。

私の命も人生も、あくまで私のものである。けれども私の命や人生は私の私物ではない――。そんなことは論理的矛盾であるから従って認められないと言う人は、ものを考える力のない人だというほかはない。私は私の命や人生を私物化したときに私自身を失うのである。私は私の「一度限りの人生を大切に生き」なければならない。私は私自身を大切にしなければならない。けれどもそれは私自身のためではない。私の存在の意味も価値も、私を超えるもの、私ではないものからしかやってこないからである。

言い換えれば、私は私の中に私を超えたものを住まわせている。私は私を超えたより大きな「全体」へ向かって開かれた存在である。その方へ向かって道のつながった、その方へ向かって呼び求められている存在である。これを人間のもつ「霊性」であるとして、宗教的な言葉で表現してもよい。しかしこれも宗教である以前に、人間的あるいは「人間学」的事実であるに過ぎない。(「霊性」という言葉を『広辞苑』は載せていないが、鈴木大拙の『日本的霊性』によって一般化したと思う)。そもそも我々の時代が、宗教という概念の根本的な見直しを要求しているのである。必然的に科学というものの概念も見直されなければならない。この二つは連動している。それは一つの現実に対して、見る方向の違った、しかし一つの統合された視点でなければならないからである。

我々の時代に欠けているのは哲学、すなわち生き方の毅然たる選択である。その欠落を行動で表現してみせるのが非行少年たちである。自分自身の根拠についての深い自覚、自分自身の根の感覚――。そういったものから生きる方向が生じ、行動の方向が生じ、責任すなわち自他に対する指導方針が生ずるのである。これを曖昧にし、タブーにしたまま、青少年問題や教育問題を改善しようというのは、あたかも餓えた者は救わねばならぬが、食料だけは絶対に与えるなと言っているようなものである。無知と偏見と悪意がこれを妨げている。そして無知と偏見と悪意そのものが、我々の受けまた与えてきた戦後のいびつな教育の産物である。

2　武士道と民主主義

ノブレス・オブリージ

親や教師が子供に対して「君が悪いことをしても、よいことをしても神さまはちゃんと見ていらっしゃるのだよ」と言って教えるのが、最も自然な、普遍的な教育方法だろうと思うのだが、わが国ではそれは言えないことになっている。そんな嘘は教えられないということなのだろう。「神」という言葉は差別用語と同じく、口にしてはいけない言葉のようである。昔の人は「お天道《てんと(う)》様はすべてお見通しだ」などと言ったが、それさえ今はまず聞かれない。日本人が海外へ出て、各自が帰依する宗教の話になったとき、平然として「自分は無宗教だ」と言うものだから気味悪がられるという。外国人がそう訊《たず》ねるのはおそらく、あなたは自分の根拠をどこに置くか、エホバに置くか、アラーに置くか、仏陀に置くか、という意味である。ところが日本人にとってはたいてい、宗教とは葬式の様式か、せいぜい「心のやさしさ」のことで、なくても困らない〝オプションのアクセサリー〟であり、自分は宗教などというものに関わるほどひまでも迷信家でもない、という意味でそう答えるのだろう。ところが「ではあなた方はどうやって子供を教育するのか」と聞かれたとき困ってしまうのである。明治の中頃、新渡戸稲造《にとべいなぞう》がそう聞かれて返答に窮し、そういう意味での宗教なら「日本には武士道がある」と言って、『武士道』（一九〇〇）という本を英文で書いたのであった。たしかに武士道が、自分の根拠、自分をそこに預けそこから自分の意味を引き出す「公」の原理として、おそらく武士階級を超えて社会全体の規範として働いたとは言えるだろう。しかしこれは、「天」の思想が根源にあるとはいえ、封建的な身分制度をいわば利用するような形で生じた「宗教」であると言ってよかろう。これは「ノブレス・オブリージ」（身分の高い者の義務）と西洋で言われているものに当たると言ってよく、かつては世界中のどこにもあったはずである。貴族は自分の子弟を教育するのに、「お前は貴族の家に生まれた子として恥ずかしくはないのか」というようなことを言ったであろう。これは民主主義の時代に最も嫌われるものである。

「私情を去る」

武士道にしても「ノブレス・オブリージ」にしても、戦後の左翼的民主主義教育はこれを根こそぎ否定したけれども、そのことによって大切なものが失われたと私は思う。それは一人の人間としての誇りと責任感である。家門の誇りだろうと、たとえたった一人の僅かに功労のあった先祖だろうと、自分の血や出自に誇るべきものを持つのと持たないのとでは、人の心に大きな違いを生ずるものである。祖国や民族に対する誇りはなおさら大きな意味を持つ。出身校に対する誇りというようなものでも、ないよりはあったほうがよい。A校の出身者が自校を誇りにするからといって、B校の出身者が気を悪くするというようなことはないのである。愛国心をもつからといって、他国の人に気兼ねをしなければならぬ理由はないのである。最近いわゆる「自虐史観」が批判され、これは日本人の心を腐らせるだけだと言われるのは当然である。自分の由来し帰属するものに誇りが持てなければ、人は腐るよりほかはない。お前たちの先祖は物質だけれども、お前たちは「単なる物質ではない、物質世界発展の特出した産物である」などと言われて誇りの持てる人間は、誰一人としていないだろうように（第一章8参照。この人間に対する悪意は、実は神に対する悪意であることに注意せよ）。

武士道とは何か。それを一口で言えば、自分は自分自身のために生きるほど下劣な人間ではない、という誇り高い倫理的自覚のことである。いかに戦後教育によって否定されても、これは日本人の心の中のどこかに生きつづけていると私は思う。武士道に限らず「私情を去る」という倫理的厳しさは、日本人の誇るべき精神的伝統の一要素である。武士道は一方において非情さや恐ろしさを持つ。だから宗教とは相容れないようにみえる。しかしそれは単に、「やさしい心」「仏ごころ」というたものとして理解された宗教よりは、よほど宗教的であり、「やさしい心」を吹き込むよりは、武士道倫理を教える方がよほど現実的であるだろう。なぜならそれは、おのれの命を、おのれを超えたより大きなものに差し出し、そこにおのれの存在理由を見出す倫理的決断であり、私の命は私のものであるが、私は私の命を「私する」ことはできない、という思想だからである。

しかし武士道は、倫理が宗教的であるという意味で「宗教的」なのであって、宗教ではないことは言うまでもない。倫理は宗教すなわち人間存在の根拠から出てくるものでなければならない。むろんのこと武士道は、人間存在の根拠とも存在論とも無縁である。のみならずそれは封建制という、民主主義から見ればたしかに悪なる制度の生み出したものと考えざるをえない。「ノブレス・オブリージ」にしてもそうである。我々は何のために多大の犠牲を払って民主主義制度にたどりついたのであったか。それは万人が平等に、神の前に、精神の貴族になることができるためであった。それ以外に民主主義の目的はありえない。その一点をはずせば民主主義制度は衆愚制度でしかない。

いま言った「神の前に」ということを、日本人は神の概念をまったく誤解していて、自分たちに関係のない宗教の話だと思っているために、例えば、リンカンの有名な「ゲッティスバーグ演説」

にある「神のもとに」という文言を、単なる飾りの枕言葉か何かのように考えて、無視して引用するのだとよく言われる。リンカンは正確にはこう言っているのである――。

この国が、神のもとに、新しい自由の誕生をもつということ、そして人民の、人民による、人民のための政府が、地上から決して消滅することがないことを、我々は決意する。

計り知れぬ血を流して勝ち得た民主主義というものが、もし「神のもとの」自由と平等でないとしたら、それは民主主義の形骸《けいがい》ということになるのである。彼らはそれが分かりきった暗黙の前提であるがゆえに、私のように傍点をつけたりはしないのである。その暗黙の前提の齟齬《そご》が、戦後の民主主義導入のさいの障害であったはずであるが、あえてそれを問うことなく、ともかくも民主主義はわが国に定着したのである。我々の民主主義は骨抜きの形骸であるのか、ないのか。しかしひるがえって、アメリカを含めた世界の民主主義はどうなのか。

3 〈貴族〉と〈賤民《せんみん》〉、今日の対峙《たいじ》の構造

「人に迷惑さえかけなければ…」

民主主義とは自由と平等の制度である。しかし民主主義の時代というのは、かえって新しい人間の差別の生じる時代だともいえる。それは端的に、人間としての責任を引き受けて生きる者と無責任に生きる者、というこの明確な二種類の人間に二分されていくからである。かつてスペインの思想家オルテガ・イ・ガセットは『大衆の反逆』（一九三〇）の中で、現在の大衆主導の民主主義の間違いについてこう言った。――本来、社会というものは、選ばれた少数者がいて大衆を導くべきものである。しかし選ばれた少数者とは権力者や特定の階級ではない。「自分を他の者たちより偉いと思っている者たちでなく、自分に対する厳しさにおいて衆にまさる者たち」である。そして人間は本来、「厳しさを求めて自らに困難や義務を課する者たちと、自分自身に何を要求するでもなく、その日その日の現状維持が人生であり、完成へのいかなる努力をも自らに課そうとしない者たち」の二種類に分かれる。

本書のはじめに、哲学を持とうとしない無責任な者たち、人間存在を能動的に解釈しようとしない者たち、「その日暮らし」をする者たちと私が呼んだのは、まさにこの俗悪な民主主義時代の「自分自身に何を要求するでもなく、その日その日の現状維持が人生であり、完成へのいかなる努力をも自らに課そうとしない者たち」のことである。これはまさに現代における新しい〈賤民《せんみん》〉（ニーチェの言葉を借りて）とも呼ぶべき存在である。彼らが共通して持っているのは、不満や怨恨を基本とする左翼的唯物思想であり、それを一見もっともらしい正義の背後に隠すことである。たとえば武士道を否定する。身分制度や武力行使を容認することは出来ないと言う。しかしそのことによって武士道倫理をも否定するのであり、実は倫理そのものを否定するのが本旨である。彼らは倫理道徳という宇宙的秩序を不倶戴天《ふぐたいてん》の敵とするのである。それは宇宙秩序を破壊して「自由」を得たいという、人間の内部に潜む最も暗い、反逆的かつ自己破壊的な衝動に発するものである。

　いわゆる「援助交際」をする少女たちが補導されて、きまって口にするという「わたしの行動が誰にも迷惑をかけない限り、わたしの行動は完全に自由なはずだ」というセリフは、一見もっともな理屈のようで、まさに〈賤民〉の思想を代弁し象徴するものだといってよい。それはまず、自分という存在は自分だけで完結する百パーセント自分のものであり、生命的連続性などというものはありえないという、不精《ぶしょう》な唯物論的思い込みの上に立っている。それは人間を石ころのように独立した物体と見ている。さらにそれは、自分の要求する「自由」が実は自己破壊への道であることに思い至らず、自分の不健全や不倫が「全体」の神聖を汚すものだという「全体論」的想像力を全く持つことができないでいる。もちろん、誰も少女に哲学を要求する者はいない。人間としての責任を引き受けようとしない〈賤民〉の生き方が、これら少女たちのセリフに端的に現れていると言っているのである。

　自分の存在は自分止まりであり、人間存在は人間止まりであるという思想は、結局、物質が自己発展してきてそこで止まった、つまり人間を「物質世界発展の特出した産物」とみる思想である。そのように解された人間世界にも、責任や罪や良心や人権の観念は確かに存在する。けれどもそれは、人間をより高次の存在から生まれたと解する哲学のそれとは、全く違った責任や罪や良心や人権の観念である。端的に言えば、前者のそれは人間同士の絡み合いや利害からくるのであり、そこから出てくる唯一の道徳基準は、「人に迷惑さえかけなければ個人の自由はどこまでも尊重されるはずだ」という売春少女のセリフに要約される。後者のそれは超越者に対する関係からくる。そして超越者との関係に基づいて、他者との関係の正しいあり方が決まってくる。前者は発展性のない自己充足の世界におのれを閉じ込める。後者はおのれを超えた世界に向かっておのれを発展させようとする。前者の道徳は、おのれの根拠がおのれ自身にあることによって、おのれ自身の利益が目的である。それは自分の外に根を持たないから、おのれの内部で空回りをする。後者においては、倫理的努力はおのれを超えたかなたに目標を持つ。

民主主義時代の〈賤民〉

ところで我々がこの論考で最初から取ってきた態度は、よりすぐれた仮説の選択ということであった。それは二者択一の仮説であり、我々はどちらの仮説が生き方の選択としてよりすぐれているかを決断しなければならない。それは仮説の優劣であって、絶対の真理と私は言っていない。仮説の優劣を決めるのは何かと言えば、それは一つの原理のもとに、いかに多くの要件を満たすことができるかということである。そこには知的説得力、情意的説得力、さらに実践的有効性といったことが、すべて取り込まれていなければならない。

唯物論的世界観を意識的・無意識的に根拠とする生き方の仮説は、仮説としていかにも弱いと言わなければならない。仮説として弱いということは、まず捉えている世界が狭小だということである。自己以外の何ものも認めない、自己止まりの世界観は自己中心的にならざるをえない。自分の姿しか目に入らない。これが「人に迷惑をさえかけなければ……」の道徳を生む。次にそれは、我々誰しもが持つ向上の努力の方向を定めることも、その意味を説明することも出来ないがゆえに、我々を知的にも情的にも不満な状態のままにしておく。そこではオルテガが言うように、「その日その日の現状維持が人生であり、完成へのいかなる努力をも自らに課そうとしない」生き方がよしとされる。さらに仮説として弱いということは、生きる決断力を与えることができないということである。「厳しさを求めて自らに困難や義務を課する」生活を選び取る決断と気概を与えることができないということである。さらにそれは結局、思考力が弱いということ、頭が弱いということである。人間という存在は、貧弱な頭の中で中途半端に考えられた道徳に従って一生を生きるほど不真面目な存在ではないのである。

私はこれを民主主義時代の生み出した〈賤民〉の生き方と呼ぶ。そしてこの〈賤民〉の生き方が世の中を圧倒的に支配してきたのが、「戦後民主主義」の我々の時代であった。この生き方をする人々にとっては、オルテガの言う「自分に対する厳しさにおいて衆にまさる者たち」は敵であり、これは誹謗《ひぼう》攻撃の対象である。何によらず自分たちより優れた者は攻撃されねばならない。封建時代の貴族と精神の貴族の区別など、彼らにとっては存在しないのである。しかしこれは彼らからすれば、金科玉条の「平等」を守るための、また自らの「自由」の圏域を奪われないための必死の防衛であって、無理からぬこととも言える。プラトンの洞窟の囚人たちは、よもや自分たちの見ている世界のほかに世界があるとは思っていないから、反対方向の世界を見てきた者を誹謗攻撃するのは無理もないとも言える。けれどもこれは怠惰の罪であり、怠惰を正当化するというさらに大きな罪を構成するものと言わねばならない。

「厳しさを求めて自らに困難や義務を課する」少数の指導者、つまり新しい貴族をこの社会は必要としている。そしてこれら必要とされる指導者たちは、自堕落な唯物論的世界観をもつ陣営からは絶対に出てこないと知るべきである。唯物論的・自閉的（自己完結的、自己目的的）人間観を根拠としながら「厳しさを求めて自らに困難や義務を課する」ことは、ほとんど物理的に不可能である。何のために自己を律するのか、どこから自他に対する責任というものが出てくるのか、その人間観からは絶対にこれを説明することができない。忍耐という徳目はそこからは絶対に出てこない。

すぐれた人間を否定

さらに彼らの世界観・人間観からは、権力と権威の区別が生じない。つまり平たく言えば、威張る者と教え導く者との区別が生じない。すべて自分より上位に立つ者は許すことのできない存在である。自己を目的とし、自己を至高の存在とする哲学からは、当然そうなるはずである。これに対して〈貴族〉はどうか。〈貴族〉はおのれを低くすることによって貴族なのである。人間には人間的格差があることを〈貴族〉は知っている。自分より人間的にすぐれていると判断する人があれば、その人の前に頭を低くして教えを乞うことを知っている。自分を低くすることによって自分が浄化され、その分だけ自分が高められることを知っている。

我々が選挙のときに投じる一票は全く平等の重みを持つ。それは我々の法的人格が全く平等だからである。しかし我々には、いわば霊的人格というべきものがある。そしてこれにはおそらく無限の格差があるであろう。〈賤民〉の目から見れば、霊的人格などというものは、嘲笑すべきものであり、片腹痛い「虚構」であるに違いない。彼らの人間観からはそもそも、すぐれた人間というものの定義が生じないのだから、それも当然といえば当然なのである。

私はこの時代が次第に、〈貴族〉と〈賤民〉、すなわち自他に対する責任を自覚して生きるエリート的少数者と、責任という概念さえ知らず、まったく無責任に生きる、自堕落な多数者との対峙《たいじ》の様相を明確に帯びはじめてきたと思う。そしてそれが人間の根拠をめぐる人間観の相違によって生ずる二つの陣営であり、それは地震学者が「断層」（フォールト）と呼ぶような画然とした亀裂であることが、次第にはっきりしてきたと思う。無責任な多数者の陣営が、なぜ権利や自由をのみ主張して責任や義務を口にしないのか。それは不思議なことではない。彼らの人間観からはそもそも責任や義務の観念、つまり人間の生きる方向性が生じないのである。むろんそれは人間としての責任や義務という意味である。彼らにも責任や義務の観念はある。けれどもそれはもっぱら社会的な責任や義務であり、その不履行が一方においては謝罪、もう一方においては糾弾という形でしか存在しないものである。それが彼らの世界観から出てくる倫理のすべてである。「責任者」の糾弾と謝罪という形でしか存在しない倫理、それは自他に対する人間としての責任感というものとは全く別種のものである。それは、「迷惑をさえかけなければ……」という生き方の「迷惑」のみを争点とし、人はいかに生きるべきかということとはほとんど無関係の倫理であるにすぎない。

4　いわゆる「進化」――心の目覚めていく過程

宇宙の方向性と生き方の方向性

我々はいまだ本書の核心であるべき理論的論証の部分に至っていない。そもそもこの論考の目的は、倫理・道徳というものの根拠を探ることであり、倫理・道徳とはいったい何であるかを考察することであった。それは人の生きるべき方向として存在する。徳目として存在するのでもなければ、単なる義務・責任というようなものでもない。私は非行少年の例を引いた。非行少年とは我々の社会の代表者のことである。彼らを含め若者たち一般は一つひとつの徳目を教えられて納得するであろうか。こうせよ、ああせよ、そのようにしてはいけない、と教えられて納得するであろうか。彼らはその根拠がほしいのである。どこからその徳目が出てくるのかが知りたいのである。彼らはまた自分自身の根がほしいのである。自分が何者であるかを知りたいのである。そしてこの二つのものの出所は一致する。そういうことが彼らにはひそかに分かっているはずである。自覚なくして分かっているはずである。それはかつては武士道倫理でもよかった。明治以後のナショナリズムでもよかった。戦後の、国をあげて経済大国を目指すというような目標でもその代わりをすることができた。もちろんそれらは、彼らの人間としての、本来の根でも本来の目標でもない。けれどもそういったものは、ともかく若者たちの生き甲斐の少なくとも代替物となることができた。ところが今、そういったつっかい棒がことごとく取り払われたのである。そしてこれはわが国だけの出来事ではない。世界史的な出来事である。そしていま世界が新しい何物かを求めていると考えるべきなのである。

私はこのことを語るのに、宇宙の「ビッグ・バン」から話をはじめなければならない。人はこれを笑うかもしれない。けれどもこれは、いま我々がそこで生かされている宇宙の方向性の話なのである。宇宙に方向性がもしなければ、我々の生き方にも方向性は生じない。もしあるならば、それが我々に方向性を与えるはずである。

そこで、そもそも時間の流れには方向があるのか、という話になる。ニュートン的機械論の世界では、本質的に時間に方向はないと言える。ないというのは可逆的ということであり、ピエール・ラプラスが考えたように、宇宙全体を一つの厳密な方程式で表し得るとするなら、未来や過去のいかなる時点の「状態」も思いのままに算出できるのだから、時間というものは事実上無意味になるということである。しかし同じ機械論的世界でも、いわゆる「エントロピー増大則」（宇宙の秩序は減少する一方だとする）を考慮すれば宇宙は不可逆的であり、時間に方向は生ずる。しかしこれは我々の宇宙が閉じられていると考えた場合のことであり、しかも「生物進化」（秩序は増えていく）の示す方向とは全く矛盾することになる。

しかし「生物進化」というものを、私は機械論的パラダイムの中で捉えられた生物進化として考えてはいない。本書をはじめから終わりまで貫いているのは、物質から生命が出てきたのではない、生命は最初からあったという最も単純にして基本的な前提である。そしてこれは時間の中で考えるだけではなくて、現実世界の構造として、物質＝空間＝量ではなく、生命＝価値＝質が基底にある（存在論的に優先する）という前提でもある。我々にとって、生命という誰にも否定できないものが手がかりである。もし良心というものが神への手がかりだとすれば（フロイトはそうでないと言ったが）、生命は創造の根源への手がかりである。そして私はこれを仮説として提起し、最終的に優劣を読者の判断に任せるのである。

「進化」という、あるいは「進化」らしく思える事実のあったことは誰にも否定できない。物理的宇宙の始まりは「ビッグ・バン」であり、そこから時間も空間も始まったとするのが今のところ最も有力な仮説なのであろうから、これによって考えるなら、ビッグ・バンの直後には、光とか熱とかガスとかいうもののほか何もなかったはずである。そのたった百数十億年（？）の後に、今この地球上に我々の見る、驚くべき多様性と複雑性と合理的調和の世界が作り出されたという事実に驚かないわけにいかない（過去の科学者や宗教家はこれを考慮に入れることができなかった）。地球が誕生し、最初の生命体の出現から現時点までのさらに短い時間を考えれば、それはもっと大きな驚きである。少なくともその時間は、仏典にいう「恒河沙劫《ごうがしゃこう》」というような、いわゆる気の遠くなる時間ではない。ダーウィンは自説のためには、この気の遠くなるような時間を必要としたはずである。それは今どうでもよい。我々がここから感じ取るべきことは、この宇宙が明確な方向性を持っているだけでなく、何かを実現しようとしているらしいということである。

宇宙「生命＝意識」の拡大

いわゆる進化はベルクソンのいうように「創造的進化」でなければならないが、いま鉤括弧をつけて「進化」と呼ぶことにする。この「進化」のおおまかな順序・階梯《かいてい》については異論を唱える者はない。単細胞生物より先に多細胞生物が現れたとか、爬虫類より前に哺乳類が栄えたと言う人はいない。階梯を考える限りでは、人間が最後に出現したと考えてよいのだろう。ところで「進化」という概念は、ふつう生物の身体の仕組みが複雑化し、機能が高度化していくことを指すと考えられている。しかし「進化」というものをそのように外形の変化と考えると、何のために進化するのか、ヒトはミミズに比べてはるかに複雑・精巧な身体を持っているが、それに何の意味があるのかが分からなくなる。そこで進化に目的などない、機械的・盲目的に進行するだけだという極端な唯物論的進化論が生まれることになる。これはこの世界を目に見えるものだけを頼りに解釈しようとすることから生まれる結論である。目に見えるものを存在の基底とする前提に立てば、進化に意味も目的も認めることができなくなるのは当然である。

「進化」とは果たしてそういうものであろうか。そういう唯物論的前提に（無意識のうちに）立っている限りは、「進化」の謎は解けないと考えなければならない。「コペルニクス的転回」によって――唯物論に立つ人にとってはそう思えるだろう――生命あるいは生命＝意識（life-mind）は最初からあったと仮定すればよいのである。ただそれは最初、目に見えない可能態として存在した。それが初めて原始的な生命体の形を取ったとき、生命はいわば長いまどろみから覚めた。それは新生児のように薄目をあけてわずかに光を判別したのに似ている。「進化」とは、まさにその宇宙の生命＝意識が次第に大きく目覚めていく過程だと解することができる。「進化」とは末広がりに拡大していく過程であるが、空間的にではなく、心（意識）が拡大していく過程である。身体の仕組みや機能の向上は、その心の覚醒、意識の拡大を可能にするための手段あるいは付随現象である。これが「見ることが眼に先立つ」という世界解釈に立つ「進化」の考え方である。

　今、宇宙は我々人間を通じて最大限に目覚めている（と考えられる）。宇宙はそれを一気に成し遂げることはできなかったのである。最初それは、例えばミミズのような下等動物を通じて意識を開いた。世界はそのときミミズの意識に映ったものがそのすべてであった。ミミズにとって世界はおそらく、土、湿気、光と闇、食べものといったものが世界のすべてであろう。けれどもミミズにとって、それは一つの首尾一貫した完結した宇宙である。これをライプニッツの言葉を借りてミミズの「モナド」と呼ぶことができる。「モナド」とは、世界を鏡のように映すと同時にこれを作り出す意識の単位のことである。「進化」とは宇宙がより大きな、より明瞭な、より覚醒した「モナド」

を作り出していく過程と考えることができる。あるいはこれを新生児の意識が次第に明らかになり、ついに大人の複雑多様な心の世界を作り出す過程にたとえることもできる。

5　宇宙は方向性を持つ——自己中心性からの脱却

生命（心）を最初からあったもの、常にすでにあるものとして考えるならば、生命（心）が宇宙史のどこかで「発生した」と言うことはできない。それは「発現した」のである。すでにあったものが形を取って現れるのは「発生」でなく「発現」である。生命の最初の発現、あるいはその後の新しい種や秩序の出現を最近は「創発」（emergence）と呼ぶことがある。「創発」とは「創造的発現」ということである。いずれにせよ機械論的パラダイムによって宇宙は説明できないことに、科学者や哲学者は気づくようになったのである。

我々はそういう言葉遣いにこだわることから始めなければならない。人間は「発生」したものではない。つまり「発生」した生命の子孫ではない。可能態から現実態へと、つまり見えない世界から見える世界へと、創造的に現れ出たものである。現れる種はそのつど切れていると考えるべきである。「発生」というのは化学物質の発生を思わせるのであって、私がよく冗談に言うように、人間はため便所から「発生」したメタンガスのようなものではないのである。私の冗談がいかにも汚すぎると思う人は、唯物論者がいかに人間をまさにそういうものとして思い描き、人にも教えているかを考えてみるがよい。彼らは人間を本質的に、蛆虫のような汚い欲望にまみれた存在とみるがゆえにこそ、強圧的な人間改造をもくろむのである。彼らは、人間が「発生」したなどと人間そのものを貶《おとし》めておきながら、何ゆえに「人間の尊厳を傷つける」などと言って人を非難するのであろうか。唯物論者が「人間の尊厳」とか「人権」などという言葉を使うこと自体が矛盾である。これもすでに言ったことを繰り返すが、唯物論者が人権人権と言っているのを見ると、私の目には、肉屋の店先で肉切れどもが人権擁護決起集会を開いているような光景が浮かぶのである。

恐竜はなぜ存在したか

我々一人ひとりの日常の態度や選択が、ビッグ・バン以来の宇宙史の解釈と密接につながっていることを示すために私はこれを書いている。いわゆる「進化」の歴史のある期間、恐竜といわれるものが地球上を支配しやがて滅びたと言われる。恐竜とは何であったか、そのことを考えるだけでも何のための「進化」であったかが分かるのである。恐竜は爬虫類に過ぎないが、ミミズよりはるかに発達した、ミミズよりすぐれた生物であった。それは何によってかといえば、図体が大きいからでも、身体の構造や機能がミミズより複雑に高度になっていたからでもない。彼らの心がミミズよりはるかに大きな世界を捉えかつ作り出していたからである。この「大きな」というのは確かに空間的な意味でもある。しかし本質は空間ではない。それは「モナド」すなわち心の開け方、あるいは目覚め方の違いである。ミミズは動物とはいってもほとんど植物に近い存在であった。植物にも意識はあると言われるが、その植物よりかろうじて意識のより覚めた存在であった。その意味で、恐竜の出現によって宇宙はより大きく目覚めたのである。

　宇宙はより大きな「全体」性を目指して動いているのである。私は前章で、「全体論」の「全体」とは空間的・量的な意味もあるが、本質的には質的全体だと言った。そして宇宙は、恐竜というものを通じて「全体」性のある段階に達することによって、その心の段階を確保することができたので、恐竜そのものは絶滅してもよかった、あるいは絶滅させてもよかったのだと考えられる。すなわち生物学的連続のためのタネを恐竜の形で残す必要がなかったと考えられる。

　しかし恐竜とは何であったか。それは爬虫類に過ぎない。彼らは我々人間と比べてはるかに大きな図体を持っていたが、心は比べようもなく小さかったのである。現在の爬虫類からも類推できるように、爬虫類には高等哺乳類のもつような、いわゆる情というものがない。子を守る本能はあるであろうが、やはり冷血動物といわれるように、彼らには自己や種族保存の最低限の本能しかなかったであろう。彼らの関心の範囲はおそらく食物、生殖、他者との闘争、といったことに限られていたであろう。彼らの心の大きさ、つまり彼らの意識が捉えかつ作り出す世界の範囲は、人間のそれと比べはるかに小さかったのである。

では人間はどうであるか。人間は恐竜と比べはるかに「大きな」世界に住んでいる。これも空間的大きさではない。人間が自動車や飛行機をもっているのは事実としても、それは本質的な違いではない。我々人間の住む大きな世界とは、恐竜（のみならず他の動物）の持たなかった言語（あるいは理性）をもち、宗教をもち、科学、芸術をもち、技術、法律、制度などをもつ世界という意味である。このうち言語が最も基本的な違いと言えるかもしれない。言語には論理が含まれ、抽象能力が含まれ、広い意味での数学が含まれる。それが科学をはじめ高度な心の領域を可能にする。このように人間の心の活動領域が、恐竜や他の動物のそれよりも「大きくなる」あるいは「広がる」とはどういうことであろうか。これも本質的には量的な意味ではない、より大きく目覚めるということとである。より大きく目覚めるとはどういうことか。それは恐竜の、全く自己中心的な、自分の直接的な利害しか見えていなかった世界から離れるということである。より大きく目覚める、あるいはより大きな世界へ飛躍するということは、より自己中心的でなくなるということであるはずである。これも子供から大人への成長過程との類比が可能である。

いったい自己中心的な数学とか自己中心的な科学というものがあるだろうか。それは全く形容矛盾でしかない。そもそもプラトンが幾何学を勧めたのは人間の自己中心癖を矯正するためであった。数学や科学を自己中心的な目的のために利用することはあるだろう。けれども数学や科学そのものは全く利害を超越したものである。言語そのものがそういうものである。私的言語というものはありえない。これに対して動物の本能は一種の私的言語とみなすことができる。自己中心的な宗教や自己中心的な芸術はあるのではないか、と言う人があるかもしれない。そういうものはない。これは本書の最も中心的な問題であり主張であるから、繰り返し論ずることになるが、そういうものがあると思っている人は、ちょうどマネー・ゲームをやって儲ける人が数学を使うからといって、自己中心的な数学があると言っているようなものである。

明らかに、心（あるいは生命）として見たこの宇宙――それが我々の出発点であった――は自己中心性を脱するという意味において目覚めつつあるのである。**Buddha**（ブッダ、仏陀）というのは「目覚めた人」という意味だと言われる。古代インドの人たちには、「進化」や「進化」の方向という観念はなかったが、人間の本来のあるべき状態が「目覚めた」状態であるという認識は持っていたのである。ところが本来あるべき「目覚めた」状態に人間がいないから、「目覚める」ことを目指して宗教というものが起こったのである。この本来の状態にないことを宗教的には「堕落」というのである。「堕落」というのはユダヤ・キリスト教やイスラム教だけの話ではない。すべての宗教が、現在の人間が非本来的状態に堕ちているという直観から発していると思われる。今までの我々の人間解釈、「人間学」からくる宗教解釈がそういう考え方を可能にする。人間にとって、ことさら宗教というような特別のものは本来必要のないものだというのが、我々の「人間学」の立場であった。

「六種の煩悩」「七つの大罪」

これは仏教にいわゆる煩悩《ぼんのう》とか無明《むみょう》が、どういう状態をいうのかを考えてみればよい。煩悩には六種あるとされる。すなわち貪《とん》、瞋《じん》、癡《ち》（痴）、慢《まん》、疑《ぎ》、見《けん》である。「貪」は貪欲、むさぼること、「瞋」は瞋恚《しんい》、怒り、恨み、嫉《ねた》み、「癡」は愚痴、愚かさ、「慢」は傲慢、高慢、思い上がり、「疑」は仏法を疑うこと、「見」は邪見、偏見だと言われる。これらすべての心の傾向がそれぞれ別の罪障でありながら、実は一つの共通因数をもつことに読者は気づかれるであろうか。それは自己中心性という共通性である。これら六種の煩悩がすべて、自分を中心に据えて生きようとすることから生ずる罪障である。このうち「癡（痴）」は愚かさであるが、これは「知能が低い」という意味でなく、「自分の周りのことしか見えていない」という意味で「愚か」なのである。世間で言う「あの人は愚かなことをしたものだ」というのは必ず、「自分のことしか考えていなかった」「自己中心的に行動した」という意味である。

煩悩にとらわれるとは要するに、人間でありながら恐竜のような下等動物の生き方を原理とするということである。無明とは、本来、明るく、広く、大きな世界に住むべく意図された人間がそれを知らず、恐竜のように、暗くて狭い、自己中心の世界に好んで住むことである。

キリスト教でいう「七つの大罪」（seven deadly sins）も六種の煩悩とほぼ共通する。すなわち、pride（高慢）、covetousness（貪欲）、lust（情欲）、anger（怒り）、gluttony（大食）、envy（嫉み、悪意）、sloth（怠惰）であるが、やはりこれらもすべて自己中心性の罪である。このうち「怠惰」は六種の煩悩の中にはあげられていないが、修行の道である「六波羅蜜《ろっぱらみつ》」の第四が「精進」すなわち努力である。「怠惰」がなぜ罪になるのか訝《いぶか》る人があるかもしれない。しかし人間は努力すべく意図された存在である。努力の方向が見つからないというなら、その方向をこそ見つける努力をしなければならない。私が本書のはじめから「無責任に生きる者たち」すなわち自分で考えようとしない、人から与えられた唯物主義的な世界解釈によって生きる者たちの最大の罪に数えあげているのが、現在のおのれをよしとして努力しない、まさにこの「怠惰」の罪にほかならない。

こうしてみると古来、宗教というもの——少なくとも高等宗教——が、生命＝意識としての宇宙の向かう方向の中に人間を位置付けていたようにみえる。そして人間がその方向から逸脱したり逆らったりすることが、不幸を呼び寄せるということに気づいていたと思える。不幸というのはこの観点からすれば個人のみの不幸ではない。宇宙そのものの不幸である。なぜなら宇宙はまさに人間によって、人間を通じて、目覚めの新しい境地を開くしかないからである。しかしこのことについては、後にあらためてさらに深く考えてみたい。

6　物質の原理＝〈憎しみ〉と生命の原理＝〈愛〉

創造の目的は人間

生命とは目に見えないものである。心も見ることができない。けれども生命も心も確実に存在する。これを分けられないものとして「生命＝意識」（life-mind）と呼ぶとすれば、生命＝意識はすべてに先んじて存在した、そして今も存在する、という仮説の上に立って我々はあらゆることを統一的に捉えようとしている。最初それは可能態としてのみ存在した。少なくとも有形世界から見ればそう言わざるをえないのである。ただそれをアリストテレスの言葉で可能態と呼ぶなら、強力な可能態というべきであろう。我々はこれを現実態として発現した現在の姿から推し量るのみである。これは聖書の「創世記」冒頭に出てくる「神の霊が水の面に漂っていた」という表現が我々の言語では精一杯ではなかろうか。あえてこれを多少とも科学的な比喩を使って言うとすれば、この宇宙は最初から、電磁場や重力場と同じような意味で、生命＝意識の「場」であった、と言えなくもない。電磁場や重力場がそうであるように、「場」そのものは目に見えないし感知されない。そこに金属片や物体を置いたときに初めて可視的となるのである。

それはともかくとして、可能態あるいは潜勢態としての生命＝意識がおのれを発現させるための最低限の物質的条件を得たときに、最初の生命体が現れたのだと考えられる。それは偶然でも必然でもなく、まさに芸術家と同じ創造であったと考えるべきである。その生命体がどのようにして自己を増殖したかは分からないが、とにかく最初期の生命体は、生命体とはいいながら物質に近かったはずである。しかし潜勢態としての生命＝意識の目的は、そんなものを作ることではなかったはずである。なぜならそれはそれ自体では無意味である。時代を下って恐竜が作られたときも、それはそれ自体では無意味であったはずである。創造の目的は、最終的に人間を作り出すことにあったはずである。生命とはそれ自体が意味であり価値であるから、ほとんど無意味、無価値の生命体を作ることは無意味である。宇宙はより大きな意味と価値を実現すべく（芸術家のように）苦闘しなければならなかった。それが数十億年という「進化」の歴史の意味である。

宇宙は、価値も意味もほとんど持たない物質的な初期の生命状態から、より大きな価値と意味をもつ生命の状態へと高められていったのである。『自己組織化する宇宙』を書いたエリッヒ・ヤンツはこう言っている、「もはや生命を宇宙の〈なかで〉展開する一現象として捉えることはできない。宇宙そのものが、ますます生命化しつづけているのだ[2]」。これは宇宙を生命として捉える観点である。「生命が宇宙の〈なかで〉展開する」のは、宇宙を物質や機械として、それを基底において考える考え方である。「宇宙そのものがますます生命化する」という言い方は、私の言おうとしていることを的確に表現するものである。つまり、宇宙がより高められた生命状態へ移行する、ということである。

ところで、いったい物質と生命の原理的な違いとは何であろうか。生きているということが、動くとか、食べるとか、交尾するとか、子を産むということで、これが物質と生命の原理的な違いだとすると、そのようなことをすべてやってのける精巧なおもちゃを作ることは今の技術なら不可能ではないであろうから、生命と物質の区別はつかなくなるであろう。私は物質――〈延長〉としてのモノ――の本質は相互排除ということであり、生命の本質は相互浸透ということにあると考える。だから機械的裏付けの明瞭な生命のレベルを研究する学者は、この相互排除の原理が相互浸透の原理に変わる段階で悩むのであろうと想像する。しかしこの二つの原理は一つのものの中で働いていながら、まったく対照的なものである。それは第一章で述べたことを繰り返すなら、一篇のゲーテの詩は、一番下の文字のレベルでは完全に、語のレベルでもほぼ完全に、相互排除の原理によって成り立っているが、レベルを上がるごとにそれが明瞭でなくなり、詩全体としては完全に相互浸透の原理によって、生命として成り立っているのと同じである。

物質の原理とは、相互排除、敵対、自己主張、といったものであり、歯車の歯のイメージが最もふさわしいであろう。これに対して生命の原理とは、相互浸透、融合、融和、自己犠牲といったもので、愛し合う二人のイメージが最も適当である。物質あるいは物質的なものは、一つの場所を二つ以上のものが占めることはできないから空間の奪い合いとなる。生命あるいは生命的なものは、一つの場所を二つ以上のものが占めることができる。物質の原理が憎しみであるとすれば、生命の原理は愛であると言うことができる。憎みあい嫉妬する複数の人間は一人の人物や物をめぐって相互に排除し合う。これに対して、一人の愛される子供や一つの愛される芸術作品は、無限に多くの人間がこれを占領することができる。

ところで何十億年という年月をかけてこの宇宙が、物質に近いような生命体から始めて、完全に「生命化」された人間という存在を作り出したのは何のためであったのか。「完全に」と取りあえず言っておくことにしよう。我々の後にもっと完全な生命体が出現するかどうかは我々の知ったことでなく、少なくとも宗教が教えるのは、人間が最終的被造物だということだからである。人間が作られたのは、それまでに積み上げてきた被造物の中で、自己中心性から最も遠く、〈愛〉に最も近い存在を実現するためであった。我々の仮定から出発する限り、それ以外に考えようがないのである。

手は何のためにあるか

それを実現するためにこそ、我々の持つ肉体と脳が必要とされたのであった。この肉体と脳がまず先に作られ、その上で結果として、我々の高い精神性が可能になったのではない。この先行性（precedence）の問題について、学者も含め世間一般は大変な誤解をしているが、これは最も肝要の問題である。議論は前に戻るようだが、使い道の分からぬカメラ（眼）がまず発明されて、後から使い方を考えたのではない。同じように、使い道のはっきりせぬ肉体と脳がまず先行して、しかるのちに使い方を考えるというようなものではないのである。例えば、我々の手はものを作るためにある。人間以外に、ものを作ることのできる手を持つものはいない（サルの手は形も機能も似ているが、ものを作るためではない）。これをもっぱら這うためや人を攻撃するために使ったとすれば、創造の目的すなわち「神の意志」に反する。何も作らないで無為に人生を過ごしたとしても、やはり神の意志に反する。「怠惰」（sloth）が地獄に落ちる罪として「七つの大罪」の一つに数えられるのはその意味においてである。そのように考えれば、我々が何を作るべきであり、何を作るべきでないかというこの「べき」が、倫理という宇宙の方向性の中に取り込まれることになる。

同じく我々の脳も、爬虫類の脳と我々の脳をつないで「進化」のヴェクトルの方向を見れば、何のために使うべきかが歴然とする。それは動物には不可能であった精神の高みを目指すこと以外にありえない。私のこういう議論を冷笑する人があるであろう。ことに「創造の目的」とか「神の意志」といった言葉に拒絶反応を示す人々があるだろう。けれどもそれは、モノがココロに先立つという仮定が、全く疑い得ぬ真理として想定されているからにすぎない。

手はものを作るために与えられたのである。手があるから作るのではない。手をもった以上、脳をもった以上、何を作ろうと、何を考えようと自由ではないか、などと言うのは浅はかな人間である。その浅はかさは最も典型的に、生殖器の使い方の自由ということに現れる。これについては本来、独立した一章を当てねばなるまい。私が先に〈賤民〉と〈貴族〉という区別でもって激しく糾弾したのは、この性の問題が頭にあったからである。生殖器をもった以上、これをどう使おうと自由なはずだ、という愚かな思想を自らひそかに抱いて実行するというのならまだしも、これによって青少年を教育しようとする一部の人々がいる。もっと驚くべきことは、きわめて多くの人々がこれを批判しようともしないということである。むろんこれは戦後の左翼唯物論の「自由」が人々に浸透しているせいである。リンカン演説にあるようなアメリカの自由は、先に見たとおり、「神のもとでの」自由であった。これに対し左翼共産主義の自由は、神の専制から逃れるという、もともと神に対する反逆の自由であったのである。わが国ではこの後者の反逆的な自由が、ただし〈神〉だけは抜かれて、あらゆる権威に対する自由として定着したのである。

性（セックス）の自由と責任

だから生殖器の自由はわが国では、固陋《ころう》な因習に対する自由ということになるのである。しかしこれは本書の我々の立場からすれば、神に対する、すなわち神の意志、宇宙の方向性、創造の目的に対する反逆という自由なのである。人間の性（セックス）は神の創造行為に直接関与することによって、人間という存在の最も枢要な部分をなすといってよいのである。動物の性はそれを意識化することができない。人間だけが意識化することができる。性倫理というものを、単に昔の人間が自分たちの都合で作った固陋な掟に過ぎないと考えるならば、それは人間が自分自身を否定することなのである。性のモラルの破壊は、ここ数十年の我々の社会の経験からいっても、統計調査の結果からみても、確実に我々の社会を破滅に導くものであることが分かっている。

しかし私はここで原理的に考えようとしている。我々の脳が精神的に高い境地を切りひらくために作られたように、我々の性は、動物になしえぬ高い境地を切りひらくように意図されたものと考えられる。実はこのことについて私に語る資格はない。大多数の人がそうであろう。けれども人間の性というものが、それを通じて神の創造に参加するように意図されたものであろうと考えることには、十分な理由がある。そしてそれは性の私用によっては不可能であろうと考えられる。「私は私の命を私《わたくし》することはできない」と先に言った。同じように「私は私の性を私《わたくし》することはできない」と言わなければならない。人間の性が、本来の人間の性であるためにはそうでなければならない。

私は私の性を神と共有しなければならないという意味である。

人間の性も動物と同じ種族維持の目的を持つが、動物のそれにはない高い意味をもう一つ付与されていると考えるべきであろう。そうでなければ、我々が例外なくもっている性の濫用に対する罪の意識を説明できない。人間の手の意味が動物の手と比較することによって分かるように、人間の性の意味も動物のそれと比較することによって納得することができる。動物には交尾期というものがあるが人間にはこれがない。この事実は何を意味するか。これは動物の性には自由がないが、人間の性には自由が与えられているということである。性の自由が与えられているということは、性に対する管理責任が与えられているということを意味する。創造者によって全幅の信頼が、人間には置かれているということを意味する。動物には自由がない代わりに責任もないのである。人間は自由を与えられていることによって責任が生ずるのである。これが性道徳の意味である。

これを人間至上主義者はどう解釈しているか。彼らは人間が進化の過程で、他のサルどもに差をつけて年がら年中セックスを楽しみたいと思ったがためにこうなったのだ、つまり人間が交尾期というものから自由なのは、神から自由を「勝ち取った」ためだと言うだろう。たとえ彼らが「神」という言葉を使わなくても、それは人間を抑圧する自然の力からの自力による自己解放というイメージで捉えられているのである。そこでは神は強力な専制君主であり、「冷酷非情な資本家」と同じである。〈貴族〉は、自由とは、自分が信頼されて責任とともに与えられたものと解釈する。〈賤民〉の道徳は、自由は「勝ち取った」ものであるがゆえに、これを死守せよ、この「自由」を脅かすものに対しては、道徳であれ因習であれ権力であれ宗教であれ、断固として戦えと教えるのである。

これも二つに一つの解釈の選択である。人間の性の自由の解釈についても、中間説や折衷案はありえない。ここでも私はどちらが真理だとは言わない。ただより強力な仮説の方を選ぶべきだと言っているのである。

7 自由意志の意味

倫理道徳の事実性・法則性

機械論的パラダイムを絶対的なものとして考えるなら、人間も機械ということになるから、人間に自由意志は認められないことになる。しかし宇宙の歴史というものを、無形の生命＝意識が、有形の生命体を通じて徐々に目覚めていく過程として考えるなら、自由意志の自由度は、宇宙が目覚めるにつれてより大きくなっていくはずである。自由意志がより自由になっていくとはどういうことか。例えば、植物あるいは植物的動物（たとえばミミズ）には、自由意志は皆無ではないにしても、ほとんどない。それは光の方へ向かうとか、水のある方へ向かうといった自由でしかない。これがかなり発達した動物になれば、思いのままに行動する自由が与えられているとは言えるだろう。

けれども動物の自由は本能の範囲内での自由である。動物は本能を超えて自由を発揮することはできない。その意味では動物の自由も植物のそれに近いものだと言える。人間にいたってはじめて自由意志が本当の意味での自由意志となる。

しかし人間は本能から解放されたわけではない。それどころか、眩《まぶ》しければ自動的に目を閉じるように、植物的な要素さえ持っている。しかし明らかに人間の本質は、フロイトが考えたように本能にあるのではない。これまでの論述から読者は賢察されるであろうが、人間存在の向けられている方向を私は問題にしているのである。百歩譲ってかりに人間が九〇パーセントまで本能だとしても、人間の本質は本能ではないと言っているのである。言い換えれば人間は本質的に、動物とは切れているのである。遺伝情報などの量的な差異の少なさを根拠として人間をサルの延長とすることの基本的誤りを、私は本書のはじめから言っているのである。

我々は動物と同じ本能を持っている。本能とは自己保存といい種族保存といい、自己中心的なものである。しかし人間はその本能に支配されるべき存在ではないのである。この「べき」は宇宙の方向性としての倫理として、事実的・法則的に存在する。人間は動物的本能に支配されないように生きることを、はじめから予定された存在である。人間とはそのように作られ、そうすることによって幸福と調和にいたるべく予定された存在なのである。我々は肉体のもつ自己中心的な本能から逃れるわけにいかない。食欲、性欲、睡眠欲、安全志向、みなそうである。しかしそういうものすべてを、より高い人間本来の目的に従わせ奉仕させるようにプログラムされた存在と解すべきである。

我々は本能とともに理性を与えられている。しかし本能と理性をバランスよく保って生きていければよいわけではない。理性の方向、つまり自己中心性から離れる方向、目覚めの方向に向かって生きるべき存在である。すなわち人間は方向性を与えられた、一つのヴェクトルとして生きている。言い換えれば、常に自分自身を超え、より高い自分へと達すべく努力をするように計画された存在である。したがって真剣に生きようとすればするほど、苦しみが伴うのは必然である。苦しみを伴わない努力というものはない。しかしこの苦しみは〈方向喪失〉という、あの少年非行が表現する苦しみとは全く別である。仏法で言う「忍辱《にんにく》」と「精進」、すなわち忍耐と努力には、方向性があるからこそ耐えられるのである。先にも述べたように、目標のないところでは「忍耐」という概念さえ存在することができないだろう。我々の人生における使命は、苦しみをなくすることではない、苦しみに意味と価値と目標を与えることである。

倫理道徳は大自然そのものの事実性として法則的に存在する。物理法則が大自然の事実性であるのと同じことである。これに悖《もと》ることは大自然そのものの〈病気〉としてどこかに発症するだろう。部分は部分として片付かないであろう。大自然そのものを一つの命としてみる「全体論」的パラダイムに立つならばそういうことになる。その点で、倫理道徳の法則性は物理法則とは違う。私がビルの屋上から飛び降りれば死ぬのは私であるが、私が悪事を働けば、その報いが私にやってくるとは限らない。私の子孫にそれがやってくることもあるだろう。また一つの民族の誤った行動がその民族の後世を苦しめ、それがさらに別の大きな苦悩や戦乱に発展することもあるだろう。

倫理道徳は徳目として存在するのではない。徳目は後から出てくるものである。倫理道徳は宇宙大自然の向かう方向性として、そしてその中での主導的存在として自由と責任を与えられた、人間の行動の方向性として存在する。人間は宇宙の主導的存在として、宗教的に言えば神の権能を与えられた者として、自由と責任を同時に付与されている。我々が完全な自由を与えられているということは、我々が全幅の信頼を受け、自己を含めたすべてに対する責任を与えられているということである。従って人間の与えられている自由意志とは、その責任を全うするための自由意志である。会社から信頼されて何らかの責任ある地位につけられ、自由に使ってよい一定の金額を任された人は、この自由を私欲のための自由とは考えない。責任を果たすための自由裁量と考えるのである。人間の与えられた自由（意志）とはそういうものである。

悪をなす自由意志はない

ところで我々は、善をなすのも悪をなすのも自由意志によると考えがちである。しかし自由意志とは善をなすためのものであって、悪をなす自由意志というものは実はないのである。それは自由意志に従ったようにみえて、実は物理法則に従う物体の行動に似たものに過ぎない。これを私はシモーヌ・ヴェーユ（一九〇九～四三）の卓見から学んだ。

人が神から（善から）離反するとき、彼は単に道徳的重力の法則におのれをゆだねているに過ぎない。彼はそのとき自分で決定し選択していると思っているが、実は彼は物に過ぎない、落下していく物に過ぎない。人間社会や人々の心を詳しく注意深く調べてみるならば、超自然的光という徳のないところではどこでも、あらゆるものが重力の法則と同じくらい盲目的で厳格な機械的法則に従っていることが分かるのである。(3)

先に引用したベルジャーエフの文章の中の「人間的人格が自己自身しか知らないと主張するならば、それは自己より低い自然的な元素的力の侵入を許容し、自らその元素と化することによって、解体されてしまう」という一節も、結局同じことを言っていると解釈できよう。

自由意志とは、いわゆる「進化」の向かう方向、すなわち生命の自己実現あるいは生命の高度化の方向に向かって努力する意志の自由のことである。生きるということは、自己の高度化に向かって努力をするということである。我々は努力をすべく運命づけられている。生きるのをやめたとたんに、我々の肉体はあっという間に元素に分解してしまう。悪をなすということは、生きるのをやめることに相当する。悪をなすのに努力するなどということはないのであって、それは肉体の分解過程のように、自然力に身を任せてずるずる引っ張られることでしかない。自由意志によって悪をなすなどということはありえないのである。

ここまできて、我々はようやく次のようにまとめることができる。宇宙（あるいは宇宙的生命＝意識）の向かう方向とは、自己実現の方向であり、宇宙は人間を作り出すことによってそれを人間にゆだねたのである。人間とは西田幾多郎の言うように、「作られて作る」存在であり、自己を含めて作るべきものをもつ、方向性をもった存在である。そして宇宙の自己実現は、心がより大きく目覚めていく方向、自己中心性を離れる方向、より大きな自由と責任への方向を指している。結論的に言えば、それは善とか愛とか〈神〉への方向である。我々は自由である。何によっても拘束されない。けれどもその自由は、常に自己を超え、世界を新たに創造していくための自由である。倫理道徳は、そのような方向性の中において捉えられたとき、はじめて意味を持つことができるのである。これに悖る行動や思想は、したがって、進行中の大船を遅延させ逆方向に動かそうとするようなものである。一人ひとりの非違は大した影響をもつとも思えない。しかしこの大船が一つの有機的「全体」であることを考えるなら、それは必ず何らかの影響を与えないではおかないであろう。ましてこれが組織的な非違や反逆になったり、あるいはこの大船の操舵《そうだ》責任者に、宇宙原理についての心得違いや無知があったりすれば、この船の方向はおおまかには定められているとはいえ、深刻な苦難や悲惨を伴い、かつ人命や時間や物資の無駄を強いられた航海になることだろう――。この比喩は、当たらずとも遠からずではないだろうか。

8　有機的知識、「知徳」という不可分のもの

「タコ壺」的な知識

根源の意識も方向性の意識もないところで、生きた知識というものが成立するだろうか。知識が人の血肉として、内なる財産として人を動かす力となるためには、それはバラバラの専門的知識の集積であってはならず、統合された一つの知恵でなければならない。かつて丸山真男は、バラバラに独立した知識や学問のあり方を、根もとが一つである「ささら型」に対比させて「タコ壺型」と言った。この「タコ壺」的知識や学問のあり方が、明治以来、わが国では当たり前のこととされ、何の疑念も差しはさまれることなく、それどころか、それぞれが大学という聖域の中で権威をもたされ、場合によっては人間の最高の叡智《えいち》が「タコ壺」から生まれるかのように思われているのは奇観というべきである。学問や学者が尊敬に値するとすれば、それはその専門的学知を通じて、全体知すなわち人間の生きるための知恵に貢献するときだけであるはずである。少なくとも、そのような意識が存在するときだけのはずである。そういう意識の全くない学問や学者にもなお敬意が払われるとすれば、それはすぐれたスポーツ選手や囲碁将棋の名人に払われる敬意と同じであるべきで、現にそうなってきている。根源の意識も方向性の意識もないところでいかに精緻《せいち》な理論が構築され

ようと、それは趣味のよい知的遊戯に過ぎない。自己目的化した学問は高級な道楽、ディレッタンティズムに過ぎない。

これは異常な事態である。しかしこれが異常な事態として意識されないとすれば、なお異常な事態と言わねばならない。これが大学や大人の世界に限られたことならまだよい。「タコ壺」的教育がごく低学年から行われるのである。例えば「生物」という教科では、人間をサルやウマと並べてヒトとして教える。人間をヒトとして捉えるのは、生物学という特殊な観点から人間を見たときの話であるにすぎない。聖書を印刷物として捉えるようなものである。しかし普通そういうことは言わないから、未熟な生徒たちは、人間をヒトとして、つまり動物として捉えるのが最も科学的で、従って正しい態度だと思い込むであろう。その一方で今度は「道徳」の時間に、「人間の尊厳」というような話をして聞かせたとしよう。生徒たちは、それはそれとして一応は納得をして聞くであろう。けれども彼らの頭の中では、動物としての人間と「人間の尊厳」とがどうしても結びつかず、結局はひそかに後者を虚構と判断することだろう。しかし教師はそれぞれの時間に教えるべきことを教えただけであって、この二つの真理がどう関わるかの説明などしてやる義務もなければ能力もない。生徒がどう考えようと知ったことではない。彼らは勝手に考えて悩めばよい——。これがわが国の教育の現状である。そして人はこれを当然のこととして怪しむこともないのである。

生きた知識

大学の学問がそれぞれ独立して権威を誇ることに対する反省の動向はある。それが各分野の枠を取り払うことや「学際領域」の研究などとして最近押し進められてはいる。しかしこれはいわゆる有機的知識からは程遠いものである。「有機的《オーガニック》」とは単なる言葉のあやではない。知識が有機的知識として生きたものであるためには、我々が本書の最初から最も根源的な立場として取ってきた、宇宙を生命として見るという立場に立たなければならない。宇宙を「有機的全体《オーガニック・ホール》」とする見方を取らなければならない。部分的有機性などというものは言葉の矛盾でしかない。

そして教育にこそこの観点が不可欠なのであり、真の教育とは、すべてが生きてつながった有機的教育でなければならない。有機的「全体」というのは、何度も繰り返し述べたように、量的に把握される全体ではない。それは無限に向かって開かれた把握されぬ全体である。たとえば性教育において何をどう教えるのか。肉体としての性や性病についての最小限の知識を与えることは必要であろう。けれどもそれ以上に「性交教育」など必要がない。「性教育を科学的に」などと言う人たちがいるが、そもそも人間の性と「科学」ほど馴染《なじ》まない二つのものはない。人間の性は端的に神秘として存在する。だから性についてはこれを神秘として教えるのが最も合理的である。神秘として理解するとはごまかすことではない。それが最も本質に迫ることであり、そこから畏怖や畏敬の念が生まれる。「君は君の内部に最も大切にすべき、畏敬すべきものを持っている——それが君の性だ」と教えるだけでよいのである。それで足りないとすれば「君に交尾期がない理由を考えてみよ」という宿題を出すだけでよい。その答えは、先にも言ったように、「君が創造者によって性の自由を与えられたということは、性に対する責任を与えられたということなのだ。従って君はその自由を私的に用いることはできないのだ」ということである。

知育と言い、徳育と言う。しかしそれらがバラバラのものであってよいはずはない。我々が最初から取ってきた基本的な宇宙観は、知と徳とを一つの有機的に不可分のものとして捉えることを可能にする。のみならずそれを要請するのである。知プラス徳ではない。「知徳」という一つのものがあるだけである。そういう認識に立ったとき我々は真に生き始める。我々の行動が初めて意味を持つのである。ところが現代人一般の意識の中では、知育と徳育とは全く別のものであって、その統合などということは思いもよらない。そのよって来るところは、人々の宇宙現実についての解釈の間違いである。根源の意識も方向性の意識もないところから、生きた知識は生まれないのである。

宇宙そのものがより大きく目覚めていくという解釈を取るならば、いわば仏教で言う「無明《むみょう》」の状態から「文明」の状態への移行が、すなわち宇宙そのものの向かう方向ということになる。我々はものを知らぬことを「暗い」と言い、知っていることを「明るい」と言う。これは単なる比喩以上の現実性をもった表現である。「明るい」とか「目覚める」とかいうことは動物的な自己中心の暗愚の世界から光の世界への「解脱《げだつ》」を意味する。自己中心の暗愚の世界とは単に知的無知だけをいうのではない。それは知的無知であると同時に道徳的無知でもある。そこには知的暗愚と道徳的暗愚との区別はない。自己中心の小さな世界にしがみついている人というのは、かならず知的にも劣った人だというのが我々の日常経験の教えるところである。そうでない場合があるようにみえるのは、聡明とか賢明ということの定義が始めから狂っているからにすぎない。

目覚めた人

人間とは、一人ひとりが「ブッダ」すなわち「目覚めた人」になることが期待された存在である。これは出家して仏道に励むという意味ではない。全人間的に目覚めるという意味である。ところが人はたいてい知育こそが最も大切で、徳育は余裕があったらやればよいと考えている。本当はそうではない。知育のためにこそ徳育が必要なのである。なぜなら徳育を離れた知育というものに、人は真の動機を見出せないからである。そういう知育はきわめて非能率的である。あたかも純粋に利己的な動機で勉強することに、実はだれも身が入らないのと同じである。人間とは自分のために生きることに意味を見出せない存在である。知育を離れた徳育についても同じことが言える。これも非能率的である。教育とは全人間的向上をはかるものであるはずであり、人間は本質上、一つの不可分なものとしての「知徳」の涵養《かんよう》を目指したときに最も力が湧き、喜びが湧くように作られた存在なのである。知プラス徳でなく、「知徳」という概念を可能にするのは何か。それは我々が最初から貫いてきたような生命的・自己実現的宇宙解釈であり、その哲学の上に立ったときにのみ「知徳」という概念が可能になるのである。（私は「知徳体」の体を無視しているわけではない。煩瑣《はんさ》にならないために体を省いているにすぎない）

文明とは、宇宙そのものの心の明るさが増すことであるが、その文明は科学や数学を生み出す。科学も数学も自己中心性からの脱却の証である。自分のための科学とか自分のための数学などというものはない。言語そのものが自己中心性からの脱却として出現したものである。自分だけのための言語というものはない。これに対して動物の本能はいわば自分だけのための言葉である。この観点は、科学や数学を倫理道徳と同列に置いて論ずることを可能にする。すなわち科学も数学も言語も倫理道徳も、宇宙的な「心」が徐々に暗さを脱却し目覚めていこうとする、いわば大河のような過程の中で生み出されたものである。従ってそれらはすべて、人間の栄光に帰せられるものであると同時に、人間を超えた神聖な意味合いを持つのである。そして、そのようなものとして解釈された科学や数学や言語や倫理道徳のみが、生きた知識として、内なる力として、我々を内部から動かすことができるのである。何の哲学もないところで外から与えられた「徳目」が人を動かすことはできない。同様に、求心性を持たないバラバラの大学の「学問」や、小中学校の「教科」も、生きた文明を形成することはできないのである。

9 宗教、芸術、教育、治療――その一

自己の非本来性

西田幾多郎という人は時として、宗教と芸術をほとんど同義語のように用いることがある。この観点は貴重なものである。これを不可解という人は宗教も芸術も分からない人だと私はあえて言いたい。私はさらにそこに教育と治療を付け加えて、この四つは基本的に同じ機能をもつものであると言ってもよいだろうと思う。別の言い方をすれば、これらのすべてが教育だと言ってもよく、すべてが治療だと言ってもよいということである。逆に言えば、これらすべてが一つの統一的視点によって捉えられたとき、そのそれぞれが本来の意味において生きるということである。

宗教とはいったい何であるか。宗教とは人間が自らの根源を忘れて、つまり神から離反して自分勝手に生きはじめたために必要となったものである。それさえなければもともと必要でなかったものである。だから宗教の目的は宗教をなくすることだという逆説が成り立つのである。すべての宗教が人間の「堕落」を説くわけではないにせよ、しかし何らかの意味において人間が「非本来的」状態に陥っているという認識は、すべての高等宗教の出発点であるはずである。人間の本来あるべき、従って取り戻すべき、あるいは目指して生きるべき状態という観念がなければ、宗教などとい

うものは起こらなかったと考えることができる。
我々の出発点としての宇宙解釈は、その歴史を〈心〉が次第に目覚め明るくなっていく過程として捉えることであった。そしてその宇宙の自己実現の過程の最終的完成品として生み出されたのが人間だとする解釈であった。いかにも人間の出現によって、宇宙は飛躍的に目覚め明るくなったのである。それは人間の作り出した古代から現代にいたる高度な文明が証明している。しかしこれで十分である、このあり方が本来あるべき目覚めの状態であるとは、人間は最初から片時も思ったことがなかったのである。すなわち人間は最初から、自らの非本来性を意識しつづけてきたと考えられる。そのいわば人間のもつ心の空洞に対して、宇宙から宗教すなわち本来の人間のあるべき姿が開示されたと考えるべきであろう。これが「啓示」といわれるものである。(「宇宙からの啓示」などということが神秘的で、あり得ないことに思われるのは、またしても基本的な現実理解の違いによる。このことは後に詳述する)
このことは我々一人ひとりの心の中を尋ねてみれば分かる。「これでよい」と思って生きている人はいないはずである。ハイデガーが言ったように、人間とは常に内なる良心によって本来の自分へ戻るように呼びかけられている存在である。それは人間的・「人間学」的事実として、すなわち普遍的事実として存在する。それでもなお「これでよい」と言う人は自分をごまかしているのであり、開き直っているのである。
この開き直りを社会一般の常識としているのが、まさに世俗的・物質的価値を中心とし宗教蔑視を特徴とするこの我々の社会である。それは一つの偽りの健康状態を作り出す。この社会は、おのれの常識人としての面子《めんつ》のために——ただしそんなことを意識はしていないが——おのれの病気を病気として認めることができないでいるのである。我々の社会は明らかに病んでいる。一つの高度文明社会が病むということは、その社会が宗教的であろうと無神論的であろうと関係なく、かならず宗教的に病むのである。すなわち魂の病なのである。ところが唯物論的社会はこれを魂の病とは認めないから、不具合はすべて外からの治療すなわち制度いじりによるしか対策はなく、不都合はすべて責任者の糾弾（と謝罪）によるほか解決の方法はないと考えるのである。

なぜ知っているのか

これはしかし社会の表層、すなわちマスメディアや唯物論教育によって作られ、方向付けられた社会の風潮の問題である。大多数の人々は心の底では、おのれの魂の病に気づいているはずであり、病を病として認めないことの病に気づいているはずである。おのれのあり方が「これでよい」と思う人はいない。人間としての本来のあり方を自分はしていないと思うのが人間の本心である。ただ大抵は、自分をごまかし、考えないようにして生きているのである。人間はだれでも自己の非本来性を意識の底で知っている。なぜ知っているのであろうか。カント哲学では「ア・プリオリ」ということ、つまり先験的に、生得的に知っている知識ということが考え方の中心になっている。ハイデガー哲学では「良心の呼び声」というものが人間に備え付けられていることになっている。つまり生まれながらに〝ビルト・イン〟されているのである。後天的に開発するのではない。なぜそういうことが可能なのであろうか。もし、我々がそもそものはじめに、二者択一の仮説として選んだ「心が物に先立つ」という前提を否定するなら、それは不可能なはずである。我々は我々を超える大きな生命から出た（生まれた）とする前提を否定するならば、つまり心や生命は物質から生じたなどという愚かな前提に立つならば、そういうことは全く不可能になるはずである。「神の声を聞く」などと言われる体験にしても、一方の前提に立てばごく自然に理解できることであるのに対し、もう一方の前提に立てば荒唐無稽も甚だしいということになるのである。

なぜ我々は生まれながらに、自分の本来のあり方というものがあるはずだと知っているのであろうか。それは我々が宇宙から生み出された存在であり、宇宙そのものが方向性をもっているがゆえに、その方向性が我々に組み込まれているという単純な理由による。宇宙そのものの方向性とは、より大きく目覚めること、すなわち自己中心という暗く、狭く、低い世界を脱して、より明るく、より広く、より高い世界の実現を目指すことであった。この方向性のことを〈煩悩〉とか〈無明〉からの脱却として、その法則性を説いたのが仏教の洞察であった。しかしこれはよく考えてみるならば、宗教の話ではなくて宇宙自然の話であり、宇宙自然の一部としての人間的事実の話であるにすぎない。ただ仏教は、人間の本来性を取り戻す方法を体系的に教えはしたが、創造ということは説かなかったと言われる。これは仏教の致命的な欠陥であると私は思う。

道徳とは目指すべき我々の対自的あり方、倫理とは目指すべき対他的あり方、と一応の定義はできるであろう。しかしその区別の必要は現実にはあまりないので「倫理道徳」あるいは単に「倫理」として、一つの概念として用いられることが多い。語義については我々もそのように了解するものとする。倫理道徳とは要するに人間の目指すべき方向性のことであり、本来の人間的あり方を示す矢印、つまり目覚めの方向、自己中心性を離れる方向を示すものとして、それは事実的・法則的に存在する。個々の徳目とはそこから帰結するもののことであり、徳目の集積が倫理道徳なのではない。従ってそれは宗教、すなわち人間とはそもそも何かというおおもとの教えの中に包摂される。

宗教と芸術の基本構造

ところで何ゆえに宗教が必要になったかといえば、人間とは、基本的本能は共通とはいえ、恐竜などとは全く違った存在として意図されたものであったにもかかわらず、人間がその意図に反して（宗教的にはこれが堕落である）、恐竜とあまり変わらぬ心の闇の世界におのれを閉じ込めたからだと言える。もちろん恐竜や他の動物に善悪はない。人間だけが自由意志を付与され善悪の方向性をインプットされた存在なのである。そこから人間の分裂の苦しみが始まる。なぜ自分は心では善を願いながら身体には悪の思いが働くのか、という聖パウロの嘆きが始まるのである。そしてそこからまた、人間だけが持つ強烈な至福の瞬間というものも説明されるのである。

芸術家や宗教家のほとんどが持っていると思われる至福体験と言われるものは何を意味するであろうか。それは体験者の人格の核を形成し、芸術作品の核ともなり、芸術家と鑑賞者の間に共有される至福の世界を作り出す。そしてそれは必ず自己解放の喜びからなるといってよい。それが芸術の存在理由である。芸術というものの与える感動とは例外なく、新しい自己の発見、隠されていた本来的自己の発見の喜びである。それは自己中心に世界を見ることをやめたときに、驚きとともにやって来る新しい世界である。なぜ驚くとともに感動するのかといえば、意識の底では始めからそれを知っていたからである。すなわち〈ア・プリオリ〉に知っていたからである。宗教的回心といわれるもの、〈悟り〉といわれるものと、それは本質的に違いはないと言ってよいだろう。芸術をそんなふうに堅苦しく定義するのはおかしいと言う人があるかもしれない。しかし私は芸術というものの基本構造がそういうものだと言っているのである。宇宙そのものの向かう覚醒の方向に反するような芸術からは、かりに皮膚感覚的な喜びは得られても、深い魂の喜びは得られないはずである。そのあたりの弁別ができないほどに感性が狂っているとしたら、それは我々の唯物論的文化の最も大きな罪の一つであろう。

10　宗教、芸術、教育、治療――その二

〈小我〉を克服する喜び

我々はパウロが嘆いたように、自分が分裂した存在であることを認めないわけにいかない。自分

自身の内部に反目し合うものを持った存在である。これが我々の病気でもあり不幸の原因でもある。我々は日常的にたいていは、プラトンの洞窟のような暗くて狭い、自己中心の世界に自らを閉じ込めて生活している。愛欲、名誉欲、権力欲、憎しみ、嫉妬、恨み、不平不満といったものが、日常性の主たる動機になっていることを否定できる人は少ないであろう。目を開かれてみれば、それは暗く小さな不健康な世界であるにもかかわらず、そこに居住する者はそこが唯一の正常な世界だと思って暮らしている。特にそこに慢心という要素が加わるならば、人は広大な世界を支配していると思って生きている。しかし自ら心の深層を尋ねてみるならば、だれひとり苦しまない者はおらず、だれひとり真に幸福な者はいないのである。そういう人間に対して、「なぜ好んでそんな世界にしがみつくのか、もっと広く明るく高い世界があるではないか」と教えるのが宗教であり、また芸術の働きである。さらにそれは教育の機能でもあり、治療ということも本質的には同じであるはずである。

芸術作品の与える喜びとは本質的に、小さな自己を脱出して大きな自己を発見する喜びであろう。これを自己克服の喜びと言ってもよい。悲劇が観衆に与える心理的効果としてアリストテレスが言った「カタルシス」（浄化）という作用はいろいろに解釈されようが、私はこれを悩み・苦しみの鬱積《うっせき》する日常の〈小我〉を脱して〈大我〉に就《つ》く解放の喜びとして解釈してよいと思う。もちろんそれは解放の疑似体験をさせるだけである。けれども一瞬にせよ、我執を去ることを可能にしてくれるのが悲劇というものである。例えばシェイクスピアの『ハムレット』の主人公が、信頼する友人のホレイショーに事後を託して死ぬときの数行のせりふがそんな力を持っている——。

もし君が少しでも私を大切に思ってくれるなら、
今しばらく天国の幸福を遠ざけて、
このつらい世に、苦しみの中を生き長らえて、
私の物語を語ってくれたまえ。(4)

苦しみはなくなりはしない。しかし一瞬にせよ、おのれにとらわれるおのれ自身を脱け出すことによって、苦しみを昇華させることができる。おのれを克服するおのれ自身の尊厳に気づくのである。宗教も芸術もそのような働きをなす点では同じである。

教育の根幹をなすもの

もう一つ、芸術のもつそのような力を示す例として、ミルトンのソネットの一つをあげてみたい。ミルトンが自らの失明という運命の大きな打撃を、ソネット（十四行詩）という最も形式の厳格な詩形に託した詩である。翻訳によって詩形を示すことはできない。しかし何ゆえに、おのれの不幸をことさらに厳しい枠の中にはめ込もうとする動機を、人間は持つのであろうか。〈美〉は、放埒《ほうらつ》な私情を統御する客観的なかたちを要求すること、〈美そのもの〉はおのれを超えたおのれの根源

の方向にあること、そしておのれの根源の方向とは、すなわち癒しの方向であることを人間は知っているのである。人間だけが芸術という、おのれの不幸を昇華し運命を克服する能力を与えられている。芸術すら人間に与えられたもの、開示されたものであって、自力で「勝ち取った」ものなどではない。芸術をそういうものとして認識したときに、初めて「偉大な芸術」と呼びうるものが可能になるのである。

この詩が内容においてだけでなく、形式によっておのれの不幸を克服し、〈小我〉を乗り越え〈大我〉に就こうとする詩であること、そしてそのことによって人間の尊厳というものを謳《うた》いあげようとする詩であることを、読者は汲み取っていただきたいのである。

命半ばにして私の光が使い果たされ、
この暗い広い世界のただなかで、
隠しておけば死にも等しい一つの才能〔一タレント〕が
役立つことなく私のうちにしまわれたまま、しかし私の魂はひたすら
それによって私の創り主に仕えよう、神がお帰りになったとき
叱られないように、収支の報告ができるようにしておこうと
一心に願っている、このようなありさまを思うとき、
「神は光をなくした者にも勤労を要求なさるのだろうか」

と愚かにも私は自問してみる。しかしその呟《つぶや》きをさえぎって〈忍耐〉が答える、
「神は人間の仕事も、人間の手からの贈り物も必要となさらないのだ。
神のやさしい軛《くびき》に最もよく耐える者が、最もよく仕える者だ。
神の寛容は王者のようであられる。幾千もの人々が神からの使命を帯びて
陸をこえ海をこえ、休むひまなく走りつづける――。
ただじっと耐えて待つ者も同様に仕えるのだ」⑤

私はここで教育というものの根幹に触れなければならなくなる。単にこのような詩を教材として読ませることが（日本人には無理としても）望ましいということではない。このような詩の精神が、教育そのものの根幹をなしていなければならないと私は主張する。それは人間の尊厳というものが、いかなるものであるかを教えることだからである。具体的な例をここにあげるのは差し控える。だが例えば、自己憐憫《れんびん》や恨みのような自己中心性を根底にもつような文学作品を教材に用いることは、たとえそれが一見技術的にすぐれていようと、避けなければならないのである。最も忌むべきは、そのような感情がだらしなく、わがままに表現されているような作品を読ませることである。なぜなら芸術とは、まさに自己憐憫や恨みや情欲のような下等な情念を克服するためにこそ、存在するものだからである。

そんなことを言えば、芸術は多様なものであるべきで、そんな枠に収まらない芸術作品がいくら

でもあるではないかと、きっと反論されるであろう。それは我々の世界が堕落しているから、本来芸術でないものが芸術とみなされるのだ、と私はあえて言う。要するに感性が正常でなくなっているのである。孔子は人格を高める手段として「楽」すなわち音楽をきわめて重視した。我々の周囲に流れつづける音楽の大半は、孔子の考えた音楽から最も遠い、下等な感覚におもねるだけの音楽だといって過言でないだろう。こういった音楽は人の魂を内部からひそかに腐らせていく陰険な効果をもつのである。そのことについて私には忘れることのできないアラン・ブルームの言葉がある。(6) 名著『アメリカン・マインドの終焉』の中で彼は、ロック・ミュージックを激しく否定するのだが、あの有名なラヴェルの「ボレロ」でさえ人間をひそかに堕落させる音楽だというのである。読者はどう考えられるであろうか。

下等な情念を解放した戦後教育

教育そのものの目的が、自己憐憫や恨みや甘えや情欲のような、唾棄《だき》すべき自己中心的情念を脱却することを教えるところにある。ところが私の見るところ、その最も否定しなければならない〈小我〉を甘やかし大事にすることを教え、最も劣悪な人間を作ることを目指しているかのような教育をしてきたのが戦後のわが国である。〈小我〉を大事にすることのみを教えられた人間が外に向かったとき、それは不平不満となり、たやすく恨みに転化する。さらにそれが攻撃的になればそれは怒りとなる。その怒りをあたかも義憤であるかのように思わせ、既成社会の転覆へと向けさせようとしたのが、いわゆる左翼教育であった。ところで恐ろしいのは社会の転覆ということではない。革命は確かに必要だからである。ただしそれは左翼のそれとは全く別の意味での革命である。左翼唯物論的教育のどこが罪悪かといえば、それは子どもから人間性を奪い、暗く、狭く、低く、しかも暴力による以外に出口がないかのような動物的世界に子どもを閉じ込めることにある。それは自由や権利や平等を教えながら、実は奴隷に反逆の方法を教えるような教育なのである。解放された奴隷には責任などない。子どもに責任や義務を教えないのは、子どもを奴隷あるいは動物と見るからである。左翼唯物論的教育とはまさに教育とは正反対のものと知るべきである。

むろんこれは学校教育だけの問題ではない。社会全体の、なかんずくマスメディアの問題である。私はここにシモーヌ・ヴェーユのやや激しい言葉を借用して、私の同じ思いを託そうと思う。彼女は「自由の要求自体も、執拗な教唆、宣伝、影響力からの保護を必要とする。これらもまた拘束の一形式である」と言って、次のように述べている。

たとえば、広告は法律によって厳しい制限を受けるべきであり、その総量は著しく減少させられるべきである。思想の領域に属する論題に触れることは、広告に対して厳重に禁止されねばならない。

同様に、出版、放送、およびこれに類したいっさいのものに対しては、抑圧が加えられることがありうる。これらのものによって、公に認められている道徳原理が侵害されるからだけでなく、口調や考え方の下劣さ、悪しき趣味、卑俗さ、さらには、陰険なかたちで人心を腐敗させてゆく道徳的雰囲気がつくられるからである。かかる抑圧がおこなわれたとしても、言論の自由はいささかなりとも損なわれることはない(7)。

まさに「陰険なかたちで人心を腐敗させてゆく」のが、マスメディアと一体化した唯物主義教育である。これが我々の環境としての「口調や考え方の下劣さ、悪しき趣味、卑俗さ」となって現れる。あるいはこれを、自分自身の言葉すなわち母国語に対する趣味の悪さといっても、文体の下劣さ、だらしなさといってもよい。そこにわが国の教育の成果が現れているという印象をもつのは私だけではあるまい。

文体とは、そこに人間の尊厳が託された、いわば精神のかたちであり、教育上きわめて重要な意味を持つものであるにもかかわらず、我々の文化にはそのような感覚も認識もほとんどないといってよい。文体とは、ミルトンのソネットがそうであったように、いわば私情克服の指標であり、話し手の倫理感、言葉に対する責任感の指標である。言葉はちょうど、私の命が私のものであってしかも私のものでないように、自分のものでありながら私物化することのできないものである。言葉に対する責任感とは従って、自他に対する責任としての倫理感そのものである。糾弾と謝罪だけが倫理であるような社会では、レトリック、すなわち人を言い負かしておのれを主張するわざは発達しても、人間の尊厳の指標としての文体の概念は育ちようがないのである。これは単に国語教育の問題ではない。全人間教育の問題である。人格の概念が空洞化し、人格教育などというものが全くかえりみられない社会で、言葉の品位や言葉に対する畏敬の感覚など育つはずはなく、言葉の教育は本質的に不可能なのである。

さらに言えば、「口調や考え方の下劣さ、悪しき趣味、卑俗さ」は、端的に説得力の欠如として現れる。なぜかといえば、根源の意識のないところに、そもそも人を本当に納得させる深い論理性は生まれないからである。中心の空虚を糊塗《こと》するための饒舌《じょうぜつ》と言葉の濫用、軽く調子よく上滑りな言葉の奔流、言葉そのものに対する不信と軽蔑——そういったものが我々の言語環境ではないだろうか。根源の切れたところに論理はあってもそれは空回りするだけである。いわば「タコ壺」の中の論理である。この社会の精神の不健康も、無気力も、活字離れも、すべてそういった言語環境からくるのである。根のない者が根のない者どうしで納得しあい、了解しあう——そこに見かけの論理は生ずるかもしれないが、本当の論理ではないのである。

11　健康とは何か、病気とは何か

治療という統一的把握

以上に展開したような宗教、芸術、教育についての考察は、わずかに観点を変えれば、すべてこれを治療として統一的に捉えることができる。宗教も芸術も教育も、治療としてみることができる。すなわち病気の人間を本来の状態に戻す手段として考えることができる。逆にこれらを治療としてみたときに、宗教は宗教として、芸術は芸術として、教育は教育として、その本来の相が明瞭になってくると私は思う。また治療そのものも、これを宗教、芸術、教育などとの類縁性において捉えたときに、本来の治療のあり方が浮かび上がってくるだろう。

なぜそういう見方が可能でありかつ有効であるのか。それはこの宇宙現実の根幹に、広い意味での倫理という太い柱が通っているからである。すなわち人間のあり方・生き方の方向性としての倫理が、事実性・法則性として超越的に存在するからである。そう考えざるをえないのである。

治療とは何であるか。それは自然治癒を助けるものである。ちょうどこれは宇宙自然がそれ自体〈善〉に向かっているのだが、我々は〈善〉に向かって努力しなければならないのに相当する。Holism（これを wholism と綴る人もある）という概念をまたしても援用する必要が生じてくる。これは健全、完全、癒し、さらに神聖という意味を含んだ「全体論」であることはすでに述べた。英語で make whole といえば heal と同じ「癒す」という意味である。治療とは人を whole な状態に本復させることだと定義するとすれば、これは単なる病気や怪我の治療を超えて、病気や怪我の治療がそのほんの一部であるような、人間の本来性への復帰あるいは到達を意味することになる。なぜなら人間は一人で whole であることはできない。私一人が五体満足、健康そのものであっても、私が私の妻と不和であり家族とうまくいかなければ、私は本当に健全とは言えない。さらに個人やその家族が健康であったとしても、もし彼らが一緒になって自分たちだけの私利私欲のために生きるなら、それもやはり健康な社会ではない。さらには、人間のすべてが健康であるとしても、人間が集団で自然を収奪して生きるならば、それを健全と呼ぶことはできない。そして究極的には、宇宙から生まれ宇宙の一部たる人間が、宇宙の方向性に逆らって、つまり〈神〉に逆らって生きるとすれば、それは宇宙そのものの不和、不健全と呼ばなければならないのである。そのように考えるならば個人の病気や怪我も、民族や宗教間の争いも、宇宙的法則としての倫理に逆らうことから生ずる宇宙的病気の病状として考えることができるのではあるまいか。これを宗教じみた愚かしさとして一蹴することのできる人があるだろうか。健康法と宗教が一つになった中国の気功術などは、おそらくそういう宇宙の法を根底にもつのである。

我々を導く力

治療を西洋医学的に、つまり還元主義的に、局所的修復として考えることは、いずれにせよ不合理と思われる。私はそういう治療が無効だと言うのではない。治療の本質がそういうものではないと言っているのである。部品を取り替えて自動車の修繕をするように人間を治療することは、可能な場合もあれば不可能な場合もあるだろう。しかしいずれにしても、make whole（癒す）ということと自動車の修繕とは本質的に違うのである。

「癒す」とは癒える力に手を添えてやることにすぎない。「癒える」とは、より大きな全体（whole）

との関係が、非本来的状態から本来的状態に本復することである。我々の内部に非本来的自己から本来的自己へと「呼ぶ声」すなわち良心があるように、我々自身の中に本来の状態へと呼び戻す力、すなわち癒える力が具《そな》わっているのである。「良心」も「癒える力」も、自己中心に生きることをやめて、より大きな全体のために生きるように、より大きな全体との関係を修復するように、我々を導こうとする、我々自身に内在する神の力なのである。これを「神の力」と言わずして何と言うか。なぜならそれは宇宙そのものの方向性として、被造物たる我々の中に最初から組み込まれている力であって、我々が自力で開発したものなどではない。そして「より大きな全体との関係を修復するように」という導きは、究極的には「汝の根源（神）との関係を修復せよ」という導きなのである。

癌という病気が、非本来的あり方としての病気の典型ではなかろうか。なぜなら癌細胞は、おのれを生かす全体との関係を無視して自己主張し自己増殖をつづけることによって、自己もろとも全体を破壊するからである。ちょうど非行少年から学ぶべきであると私が言ったように、癌細胞から我々は学ぶべきなのである。単なる比喩としてではない、彼らと我々がそうであるところの生命的連続体として学ぶべきなのである。

怪我や、純粋に身体的な病気（そういうものがあるとして）についてさえ以上のようなことが言えるとすれば、心の病気や心因性の病気については、なおさら以上のような治療の概念が適用されなければならない。そもそも宗教的にみれば我々はみな病気なのである。かりにそこまでは言わないとしても、病理学的な心の病気と、そうでない心の不健全状態とを区別することができるのだろうか。どこで区別をするのであろうか。医学上のことはもちろん私にはわからないけれども、ここでいう治療の概念はその区別がないという観点に立っている。

心が晴れること

健康とは何であるか。とりわけ心の健康とは何であるか。このことが分からないために、人は生きる方向を見出せずに苦しむのである。なぜなら人は、自らの健康と他者の健康の増進をはかること以外に、いかなる生きる目的をもつだろうか。我々はここで、本書の最も核心の部分に踏み込むことになる。きわめて単純化して言うなら、心の健康状態とは心の晴れる状態である。それ以上でも以下でもない。しかしそう言ったとたんに、例えば復讐して恨みを晴らすことがそれに当たるのか、ということになる。「心が晴れる」とは、それを言う人がいかなる状態を指して言うのか、それが問題なのである。ニーチェ哲学のキーワードは「健康」であり、それはやはりいかに心が晴れるかという意味での健康であったと言ってよいだろう。ニーチェの言う「健康」が本当の健康であったか否かは別である。ただ本来、心の健康ということが宗教、芸術、教育、医療に共通する最も核心の問題であるはずである。「忠臣蔵」の復讐のようなものを「心の晴れる」状態として意識の底にもつのが日本人であるとすれば、この国民の健康観念、従って宗教・芸術・教育観念がどの程度のものか見当がつくのである（これは日本人を見くびって言うのではない、事実を踏まえていなければならないと言っているのである)。あるいはミルトンが失明したとき、天を恨んで思い切り泣き叫ぶことによって「心が晴れた」とするなら、ミルトンは歴史に残りはしなかったであろう。イエス・キリストにとっては明らかに、殴られて殴り返すことが「心の晴れる」ことではなかったから、殴り返さなかったのである。彼にはもっと高次の心の健康法があった。ゲーテが忘却の名人であったと言われるのも、彼が心の健康法の大家だったからである。

我々はみな、多かれ少なかれ心の鬱屈《うっくつ》した、晴れない状態で生きている。「快々《おうおう》として楽しまず」というのが我々の常態であると言ってもよいだろう。これが特に自縄自縛である場合がある。さらに分かりやすく言えば、自ら掘った穴に自らを閉じ込め、そこから這い上がろうとして、ますます穴を深くする場合がある。これを「煩悩」に苦しめられる、自己中心的「無明」の状態であると、仏教の言葉で説明するのが非常に便利である。貪、瞋、痴、慢、疑、見、いずれをとっても自己中心性というおのれの作った暗い穴に、おのれを閉じ込めて苦しむ状態であることは先に説明した通りである。

「快々として楽しまず」などということは嘘で、自分は結構楽しんで明るく人生を送っている、と反論する人は多いだろう。しかし大多数の人々が、自分をごまかして生きているのであり、ごまかしているという事実をさえごまかして生きているのである。自分でも気づくことのない意識の底で、自分が本来的自己として生きていないことを、人々は知っている。そして本来的自己でない、非本来的自己として生きることからは、幸福は生じないことを本当は知っている。これは人間に植え付けられた生き方の法則性だから、この潜在的知識を持たぬ人間はもともと存在しない。けれども大多数の人間において、この知識が意識化されることはまずないのである。ただ、何ゆえにか、本当に楽しめない自分があることだけが分かっている。そういう自分をごまかす方法は今日いくらでもある。今日の平均的日本人で言えば、スポーツ観戦、マニア的趣味、旅行、おしゃべり等々、その方法は無数にある。これらはすべて自己を楽しませる無害な方法である。しかしよく考えてみれば、いじめも残虐な遊びも、あるいはヤケ酒や不倫も、すべて楽しめない自分を楽しませる方法であり、昔あった残虐な公開処刑の見物も楽しみであったはずであり、あるいは犯罪行為に走ることも楽しめない自分の打開策のはずであり、最悪の場合、戦争や虐殺がその方法になりうる。そのように考えると、そこに無害から有害へのグレードの変化はあっても、そこに本質的な区別はないと言ってよい。少なくとも一方が善で他方が悪ということはない。ではいったいどこに問題があるのか。

12　心の晴れることを目指す心の普遍性

不幸の原因

人間が心の晴れぬ分裂した存在であるということは普遍的事実である。そしてその状態から脱しようとするのも人間に普遍的な事実である。これは犯罪者から大宗教家にいたるまで変わりはない。

イエス・キリストも心の晴れぬまま、晴らされる状態を渇望しつつ死んでいったのである。ただしイエスには心の晴れぬ理由が歴然としていたのに対し、大多数の人間は心の晴れぬ理由を知らないのである。たいていの人間は犯罪者と宗教家の中間にいる。

すべての人間が例外なく「心の晴れる」状態を目指して生きている。なぜであるか。それは何度も言ってきたことを繰り返すなら、生命＝意識としての宇宙そのものがその方向を目指しているからである。言い換えれば、〈心〉としての宇宙そのものの自己実現の方向が、いわば「心の晴れる」方向であり、それが人間に生得的ヴェクトルとして組み込まれているからである。これは「癒す力」がそうであり、「良心」がそうであるように、いかに人間がそれに気づいていなくとも、人間に組み込まれた導きの力である。このことは、宇宙を生命＝心として捉えるという前提にひと度立つならば、すでに述べたように、いわゆる「進化」の事実として認めなければならないものである。私が繰り返し言う「心が晴れる」方向とは、心が、小さく狭く低く暗い状態から、大きく広く高く明るい状態へと、次第に引き上げられていくという宇宙的事実を指している。これは明らかに心の鬱屈状態から脱け出すことを意味する。

ところで人間が心楽しまぬのは、彼が現にあるよりも、高く偉大な、「自在」な、拘束されぬ、神に近い存在であるべきなのに、それが実現されていないことを意味する。これを「堕落」と呼ぶにせよ呼ばないにせよ、何らかの事情によってそうなっていることは認めねばならないだろう。そう考えることによって、人間の不幸の原因がどこにあったのかが分かってくる。それは人間がこの

「心の晴れぬ」状態、満たされぬ状態を、必死に改善しようとするのだが、その方法あるいは方針に問題があったということである。

改善の方法は明らかに、自己中心性を脱却する方向に向かって、古いおのれを脱皮していくこと以外にない。宇宙そのものが要求している心の成長を果たす以外に方法はない。自己中心的精神状態にとどまることが苦しみの原因、すなわち「心の晴れぬ」原因そのものだからである。ところが人間は――少なくとも大多数の人間は――自己中心的であることからくる苦しみを、まさに自己中心的原理によって解決しようとしてきたのである。自分の不幸の原因のすべてを他人のせいにすること、あるいは制度のせいにすること、怨みに報いるに怨みをもってすることなど、人間の典型的な迷妄である。

おのれ自身に執着することによっておのれの作り出したおのれの不幸、それを脱却しようとしておのれ自身に執着するという、根本的な矛盾を大多数の人間が犯してきたのであった。人類が全体として、かつて不幸を脱却したことのない原因はここにある。原因を知れば問題はすべて解決するはずなのである。自分自身にあまりに執着すれば自分の内部にしこりのようなものができて自分を苦しめるが、その執着をやめたとたんに解放感とともに晴れやかな健康状態が戻ってくるということは、我々の日常経験にもあることではないだろうか。もっぱら自分自身のために生きることが決して人間を幸福にするものでないということ、これを阪神大震災のとき一時的にせよ体験した人は多いのである。我々の内部に、我々の心が楽しまぬ非本来的あり方を脱する方途が本能として与えられている。なぜ自己に執着し自己中心的に生きることが人の心を楽しませないのかと言えば、それはその生き方が、宇宙的な、人間を超えた〈心〉の動きに逆らって生きることだからである。これを「神の心に逆らって生きる」と言ってもよいのだが、あくまで〈神〉を嫌う人のために私はそう言っているのである。

人間解釈の誤り

私が宗教的説教をしていると思う人があるだろうか。私は事実を述べているのである。精神衛生学の話をしているのである。ただ精神衛生学といっても、基本的立場によってその解釈は全く違ったものになる。心の健康といっても、心というものの解釈如何《いかん》によってその指すものが全く違ってくるのだから、同じ言葉を使いながら話が合わないときには、我々の出発点であった二者択一の前提に戻って、これを確かめねばならないのである。「心の教育」というものが〈心〉の定義なしには意味をなさないと、私が最初に言ったのもそういう意味においてである。このことに全く無頓着に、〈心〉を話題にすることも扱うこともできないはずなのに、それが曖昧なままで話が進められるということ、これは実に驚くべきことと言わねばならない。

意識的に、つまり確信犯的に、唯物論的立場に立って人の心を扱う人は、それなりの責任を取る覚悟をしているのであろうからよいとしよう。しかし全くそんなことには無頓着に、無責任に唯物論的立場に立って人の心を扱う人からは、その資格を取り上げなければならない。私はカウンセリングというもの、つまりカウンセラーといわれる人たちの仕事の内容が、一般にどういうものであるかを知らない。しかし、悩む人の心の最も深い最も繊細な部分、例えば人格喪失者や自殺願望者のそれについて、もしこれをもっぱら唯物論的立場から診断するというようなことがなされるとすれば、それは明らかに犯罪行為である。なぜ私がそんな激しい言葉を使うかは本書の全体が説明するはずである。

すべての人の心は明るくなること、晴れやかになること、広やかになることを求める。好んで「無明」を求める人はいない。しかし往々にして志に反して、自らを暗く狭く鬱々《うつうつ》とした世界に追い込むことになるのはなぜだろうか。それが明らかに病気として発症するか、病気として認定されないかは問うところではない。端的に言えば、それは人間解釈が基本的に間違っているからである。基本的な哲学の問題である。ただ繰り返し述べたように、哲学と私が言うのは、ほとんど意識されることのない、知能・教育にも関係のない万人のもつ世界観のことである。人間解釈が間違っているというのは、自分自身の解釈が間違っているということ、自分が何ものであるかを知らないということである。

私という存在は、頭の上のちょん切れた存在ではない。私を超えるものへの通路をもった存在である。私は頭を押さえつけられた、どこにも出口をもたない、現在の私であるより仕方のない存在なのではない。私は私を超える方向へ向かって開かれた存在である。これが正しい自己解釈である。このような自己像が一般の人々の間になく、これとは反対の自己像が定着しているとすれば、それは不幸で悲惨な社会だと言わなければならない。ところが我々が現に生きている今日のこの社会は、基本的に唯物論的であるために、極力このような人間解釈に水をさし、これを抑え込もうとする。それでは「健康」の定義すらできず――ただ共産主義体制のもとでは私のような解釈をしないのが健康な人間である――従って治療の方法も見出せず、人はただただ腐るよりほかないのである。そう考えるならば、唯物論的な人間観というものが人を死に至らしめる、恐るべき人間観であることが分かるであろう。カウンセラーといわず、教育者といわず、政治家といわず、そのような迷妄の上に立っては何一つ有効な行動をとることはできないのである。

13 個人の病と世界の病、心の規模ということ

自己への執着を捨てる

健康や不健康の概念が究極の意味をもつためには、太い柱のような方向性がなければならない。言い換えれば、究極の根拠あるいは根の感覚を持っていなければならない。私が〈論理〉について述べたのと同じことが〈健康〉についても言える。根を持たない論理などというものは、宙に浮いて空回りするだけである。健康の定義を真剣に考えたことのある人がどれほどあるだろうか。根を持たない、場当たり的な健康の定義によって人々が満足しているのだとすれば不思議なことである。

浅い健康の定義はいくらでも可能である。あるいは「健康に定義はない」と現代流に開き直ることもできる。

しかしそういうことでは、見かけの健康と本当の健康の区別がつけられない。見かけの不健康と本当の不健康の区別もつかない。健康体になるための前段階としての一時的な不健康といったものも、全く見分けができないであろう。我々は実のところ、健康の意味を知らずに、健康と思われる状態を維持しようとしているにすぎない。健康であるという自信があるわけではない。我々は個人としても社会としても、いわばだましだまし健康を維持しているにすぎない。

一人ひとりの（心の）不健康が癒されるためには、必ず自己へのこだわりを捨てることが要求されるという、普遍的な法則のようなものをまず認めなければならない。罪あるいは罪と感じてきたことを告白することによって、心が晴れ健康を取り戻すというような例が、その典型かもしれない。しかしこういった、いわゆる心のわだかまりの解消は、健康への第一段階にすぎない。そこに停滞して、人からひそかに是認を求めたり、同じような者が寄って傷を舐め合ったりするだけなら、またしても自己中心の牢獄を作るだけである。それは自己満足という新たな自己中心的世界であって、真の健康への道ではない。告白をした自分にこだわるならば、また次の晴れない状態が生ずるだけである。

いったい、自己へのこだわりを捨てるとか、〈小我〉を捨てて〈大我〉につくというのは、どういうことであろうか。心の健康とは「心が晴れる」ことだとも私は言った。心が解放されて、明るく広く高い世界へ飛躍することだとも言った。それはもっと突き詰めて言えばどういうことなのだろうか。

出口のない努力

今一つの思考実験をしてみたい。かりに、心の晴れぬ原因であった、隠してきた過去の罪を公衆の前に告白して、心が軽くなった人がいるとしよう。しかしそれはひとまず「小康を得た」状態に過ぎないのであって、究極の安心立命というには程遠い自己満足の世界であるから、そのような自覚が、彼の内部に次第に生まれてきたとしよう。彼は自分だけ「救われる」ことに満足できない自分を発見する。そこで彼は、利他行ということに真の救いを見出そうとする。彼は私財のすべてを投げ打って病院のような、苦しむ人々を救う施設を作ったとする。当然、彼は英雄として世に喧伝されるであろう。彼はそういう扱われ方を嫌い、極力それを避けようとする。しかしそうしながらも、そこにまたある種の自己満足と、恩を施したという意識を捨て切れないでいる自分に気づく。しかも愛とか慈悲とかいうものが物量で表現できるものでないことにも気づいている。そういう自分に嫌気のさした彼は、とうとう世間との交渉を絶って、自分の心と対決するために、修道院か禅寺のようなところでもっぱら修行の道に励むことにする。彼は高僧になれるかもしれず、なれないかもしれない。しかしなれたとして、それで問題は解決するのだろうか。

これは架空の話であるが、我々の先祖は昔からこういった努力を、宗教的努力として繰り返してきたのではなかろうか。これは空しい努力とは言えないまでも、一種の出口のない努力といって差し支えなかろう。仏教でいえば、大乗と小乗の対立である。他者を救うことに重点を置くか、自己を救うことに重点を置くかの選択の悩みは、宗教的努力をする人間に普遍的なものといってよいだろう。もちろん他者を救うこと、内面的にも外面的にも救うことが、すなわち自己を救うことであろう。けれどもそこに、今の思考実験で見たような解決を拒むもの、何か脱け出せない循環論法のようなものが残らないだろうか。そもそも人がよく考えもせずに口にする「救われる」とか「救う」とはどういうことをいうのか、それが曖昧ではないか。そういうことが曖昧なままでなされる人間の努力は無意味ではあるまいか。「健康」の定義が曖昧なままで健康増進の話をしても無意味であるのと同じである。私は一部の人々には不愉快なことを言っているのかもしれない。ただ私は、私なりの哲学的立場から疑問を提出しているに過ぎない。

突き詰めて考えたときに出口のないような、究極の目標の見えてこないような、こういった宗教的問題はどこに原因があるのだろうか。そのために徒《いたずら》に神秘化され、常人には近づけぬ深遠な真理のように思い込まれ、結局は人心の離反していく「宗教」の何が問題なのだろうか。そもそもそういうものが宗教の名に値するだろうか。問題は、根本的には「人間とは何か」という基本的な認識が抜け落ちたままで、あるいは曖昧なままで、人間を「救う」と言うところにあるのだと私は考える。ここで我々は本書の振り出しに戻ることになる。

私は私の私物ではない

正しい人間解釈というものが最初になければならない。「正しい」というのは、考え得る最高の仮説としての、という意味である。それを選び信ずることから始まらなければならない。人間の正体を曖昧にしたまま人間を「救う」とか「導く」などと称することはできないはずである。そして人間の正体すなわちアイデンティティとは、一人ひとりの人間の自己解釈によるほかはない。これは人に教えてもらうようなことではない。ダーウィンに教えてもらうとか、ローマ法王に教えてもらうといった問題ではない。内省によって自らの根源を突き止めるよりほかないのである。その意味では哲学が宗教に先行する。あるいは倫理が宗教に先行する。

人間とは、人間を超えるより大きな生命から目的をもって生み出されたものである。この一点をはずしては、いかなる宗教も成り立たない。すなわち「救い」とか「導き」という言葉に意味が生じない。私が私を自覚する仕方において最も肝要なのは、私が百パーセント私ではないということである。確かに私は個性をもった独立した人格であって、他の誰とも入れ替えることはできない。けれどもそれは、私が私の私物であるということを意味しない。私は私であってしかも私ではないものだということが、事実として認識されていなければならないのである。これは〈心〉というものの規模の問題である。宗教的な本来の意味で「心の広い人」とはそういう認識をもつ人のことであって、他人に同情してあげることのできる人ではないのである。同情というのは結果であるに過ぎない。そこには恩着せがましさというようなものは微塵もないのである（ニーチェが「同情」というものをあれほど嫌った理由はそこにある。その点に限っては、私はニーチェに同意する）。私はそういう人間的・「人間学」的事実の事実性を受け入れることから本当の宗教が始まると思う。

　そこには同情の代わりに自他に対する責任がある。私が繰り返し「自他に対する」という言い方をしてきたのは、自己と他者が生命的につながっているからである。責任も人間的事実として我々の中に組み込まれている。これが法則としての倫理道徳である。宗教が必ず「布教」をしなければならないのも、自他の区別をしない「ホーリズム」を前提とするからである。「ホーリズム」とは、これも何度も言うように、「（全体的）癒し主義」である。

　逆に、「心の狭い人」というのは非難の言葉として使われる。しかしこれは非難されるべき人というより、事実認識の間違っている人のことである。つまり、もし私という存在が本来、皮膚によって隔離された、他の空間的物体と変わらぬ個物であり、従って百パーセント私の私物であるとするなら、どこまでも自分の領分を固守防衛する「心の狭い」生き方こそ、唯一正しい私の生き方なのであって、非難されるいわれはないのである。人間存在を事物存在と同じだと考える圧倒的多数の人々からみれば、「心の広い人」が下心をもった偽善者にみえるのは当然であろう。世の健全のためにもそのような偽善者は排斥すべきであり、宗教も禁止しなければならない。これが共産主義者、唯物論者と彼らに踊らされる無見識の大衆の論理である（プラトンの洞窟の比喩を想起せよ）。

　人間的・「人間学」的事実を事実として認識するならば、自分のアイデンティティが自分の皮膚によって仕切られないのは当たり前であって、自分に対する責任はごく自然に他者に対する責任であり、他者が不健康なままで自分だけ健康、などということはありえないのである。しかし人間を単なる空間的個物としか見ない確信的唯物論者からみれば、自己の中に自己を超えたものを住まわせるというようなことは、全く理解できないであろう。大きな世界に住む者から小さな世界は見えるが、小さな世界に住む者に大きな世界は想像できないのである。外国に行ったことのない者にでも、外国の様子のおよその想像はできる。数学者の世界を知らない者にでも、数学者の世界を想像してみることぐらいはできる。けれども小さな世界に住む者から大きな世界に住む者を想像してみることは、まず絶対に不可能である。彼らは自分を基準にしてしか人を理解することができない。彼らからみれば、偽善者、嘘つき、おせっかい屋、悪だくみをする者にしか見えない人々を、社会的害悪として排除したくなるのは無理もないのである。これは想像力の貧困の問題である。平たく言えば頭が悪いのである。そういう者に対して、いくらとらわれずに自由に考えてみよと言っても、とらわれた思考枠の中に住む者がその思考枠を越えることはできない。健康を禁止する思考枠の中で健康を想像してみることはできない。

世界全体が癒える

私は心の晴れることを願うのが、すべての人間のもつ普遍的な心の傾きであると言った。すべての人間が、何ゆえにか、鬱屈した不幸な状態にあるのである。従って、これを晴らすための方策を、歴史始まって以来すべての人間が模索してきたのである。明らかに本来宗教がそういうものであり、芸術がそういうものである。しかし、抑圧や闘争を繰り返してきた宗教の歴史を見るならば、そして現在なお続いている宗教を背景とする民族間の争いを見るならば、現実の宗教は本来の役割を果たしていないか、または間違った方法でその役割を果たそうとしていると言うことができる。なぜなら、ヨーロッパ中世の教会支配は、心を晴らす代わりに権力によって晴れぬ心を抑圧したのであり、闘争を繰り返す宗教（の少なくとも一部の信者）は本来の心を晴らす使命を、恨みを「晴らす」ことによって置き換えているのである。これは本来の宗教とは正反対のものであるにもかかわらず、「宗教紛争」として、様々の宗派間で起こっているのが現実である。しかしそのことによって、本来の宗教に対する目を曇らせるほど不明であってはならないのである。

「恨みを晴らす」ことによって本当に心が晴れるものでないことは誰でも知っている。しかし人間のもつこの情念を一つの哲学、あるいはほとんど宗教にまで高め、それによって世界を改造し支配しようとしたのが共産主義でありマルクス主義であった。これは宗派間の怨念とは違って、意識的な反宗教であり、本来の宗教に対する怨念であることを忘れてはならない。「心が晴れる」ということは「癒える」ことだと言い換えることもできる。「全体論」的な、すなわち東洋医学的な「癒える」こととは、私一人がよくなることでも、私の家族だけがよくなることでも、私の国だけがよくなることでもない。これは何度も繰り返して言った通りである。「癒える」とは宇宙そのものが癒えることでなければならない。いわゆる「腹癒せ」は癒えることではない。「全体論」的想像力、言い換えれば宗教的想像力の持ち主は、自分ひとりが癒えることによって癒えたとは感じないのである。それは結局のところ、〈心〉の概念の違いだと言ってもよい。自分の心がどこまでを含みうるかという、人間としての規模の問題になるのである。

「同情」「哀れみ」ということは従って問題にはならないのである。それはおのれに根拠を置いてそこから相手に及ぶことだからである。それは真の宗教者の態度ではない。その点ではニーチェと同じになるのである。ではどこが違うかといえば、ニーチェが同情や哀れみを軽蔑する根拠に「権力意志」という超人思想を置いたのに対して、真の宗教者は究極の「全体」――これを私は「神聖」の意味を含む「健=全体」であり「完=全体」であると言った――におのれを同化させるのである。これは梵我一如《ぼんがいちにょ》などといった神秘主義めいたものではないということに注意しなければならない。これは事実を事実として認識するというだけの話である。生かされている者が権力意志などを持つことはできない。権力意志を持つことができるのは、おのれの力でおのれ自身を作った者か、あるいは「発生」してきた者が「超人」になったときだけに限られる。しかし我々はそういう者ではない。我々は親から生まれたのである。親から生まれた者に権力などない。生んでくれた（勝手に生みやがったのではない）親の意志にそって生きることが、最大限に力と自由を行使して生きることなのである。真の宗教者は、親としての神の心が晴れぬあいだは、おのれの心が晴れることは決してないのである。彼も、最も心の小さな人間と同じく、恨みを晴らさなければならない。しかし真の宗教者の晴らさねばならない恨みとは、神の恨みなのである。病める「全体」の中に健やかに生きることはできないのである。

このことは、神とは何か、善悪とは何か、愛とは、慈悲とは何か、といった問題に踏み込むことを要請する。私はいまだ「人間学」の核心には触れていないのである。

第三章

人間的・「人間学」的事実としての〈神〉

1 何が〈神〉の受容を妨げているか

三種類の人々

〈神〉という概念を、学術書と著者が自称する本の中で用いたりすれば、人はこれを奇異の目をもって見るかもしれない。〈愛〉という最も敬遠されている概念についても同様であろう。しかし私はこの二つの概念をあえて表に立ててここでは論じようと思う。ここまで読み進まれた読者にはその必要はないものと考えたいが、一般論として言うなら、〈神〉などという概念が現在のわが国で一般に受け入れられるためには、いったい何重の障害を取り払わなければならないだろうか。それこそ並大抵のことではないのである。それにはいろいろの理由がありうる。まず私が言いたいのはこういうことである。人はたいてい〈人間〉といえば、この上なくありふれた、従っておよそ神秘などとは程遠い、わかりきった存在だと思っている。果たしてそうであろうか。それに対して〈神〉などといえば、たとえその存在を認める人を認めるとしても、自分には縁もゆかりもない、神秘的な、はるかかなたの存在だと思っている。これはしかし、あまりに素朴というものである。幼稚というものである。自分の思考癖の外に立ってみることができないというのは、思考力の貧困というべきである。

〈神〉の存在を認めない、あるいは受け付けない人には、大別して三種類あるかと私は思う。一つは、人からの受け売りで、つまり認めないのが世間の「常識」で、処世的にも賢明だから認めないと言う人々。これはあまりものを考えるということのない素朴な人たちで、私がだらしない無神論者、あるいは素朴な科学信者と呼ぶ人々もここに入る。もう一つは、〈神〉などという異教の、一神教の絶対者をこの平和な八百万《やおよろず》の神々のおられる日本に持ち込むなど、もってのほかだと言う人々。これも申し訳ないが、素朴な人々に私は入れたいのである。もう一つは、現実にはわが国にはほとんどいないと思われる、本物の無神論者である。これは例えばニーチェや、マルクスや、ドストエフスキーの『カラマーゾフの兄弟』に出てくるイワンのような、徹底してものを考え抜いたすえ無神論（あるいはむしろ神殺し）を選んだ人たちであるが、反逆すべき宗教的重圧というものが存在しない日本には、まずいないのである。これは裏返せば誰よりも強い信仰になりうるものであることを銘記すべきである。

宗教教育を忌避

日本という国で〈神〉の受容が妨げられている事情は数限りなくある。まず、親や教師が子どもを躾《しつけ》るのに〈神〉という言葉は使わない、あるいは使えないことになっている。〈神〉あるいは〈神さま〉は、信仰をもつ少数の家庭を除けば、あたかも差別用語のように、口にしてはいけない言葉なのである。国際化の時代ということを考えれば、人間を生み出した仮説的存在としてのより大きな生命を指す言葉として、最も自然なのは〈天〉や〈大宇宙〉などよりは〈神〉であろうと思われるのだが、それが家庭でも公立学校でもタブーになっているのが現在の日本である。

そういう事情を作り出している要因は錯綜《さくそう》はしているが分かりやすく、その分析は至って簡単である。まず日本国憲法が公立学校での宗教教育を禁止しているという大義名分があって、これが主として左翼勢力を勢いづけるものになっている。しかも教師が、それどころか親でさえ、〈神〉などという言葉を口にするのは、ヤバイばかりでなく恥ずかしいことだと思っている。なぜならそういうことを言うのは、迷信を信じている知能の低い人間か、あるいは「変な宗教」にはまっている怪しい人間か、どちらかだと思われるからである。その上、教師に対しては、組合など左翼的勢力からの有形無形の圧力がかかる。そこで教師は、あたかも共産主義政権下におけるブルジョワ思想に対するがごとく、身の安全のために、本能的に一切の〈神〉〈宗教〉といった語や話題を忌避する習慣が身についているのである。

これは特に教師に限った話ではない。一般の社会人のすべてがそうである。その結果がどうなるかと言えば、宗教というものの感じ方も考え方も知らない、それどころか宗教に対するマイナスの観念のみを植え付けられた若者が育つのである。しかし宗教的な欲求は人間のすべてが持つものであるから、優秀な、よくものを考える若者ほど悩むのである。しかし彼らは、どこを向いても全く手がかりになるものがないから、全く一人で一から考えなければならない。その結果は自分たちだけが正しいとする反逆的集団を作ることもありうる。「オウム事件」はそういう観点から考えなければならない。あれは宗教を軽蔑するこの浅はかな社会に起こるべくして起こった、内部からの復讐と考えるべきである。さらにこの社会がどういう人間を作るかと言えば、宗教というものの国際社会での重要さを想像してみることもできない若者を作り出すのである。

　これでは教育そのものが成り立たないことを知るべきである。宗教的な感じ方や考え方のチャンネルを完全に閉鎖して、いわゆる「科学的」・論理的な知能の方面だけを伸ばそうとしても、おそらく科学的知能そのものが伸びないのである。これはいわば右脳を遮断して左脳だけを発達させようとすることで、そんなことをすれば左脳そのものが働かなくなるであろう。あたかも怖いものか穢《けが》れたものであるかのように、教育から宗教を全く排除するならば、頭のいびつな人間、人格的にアンバランスな人間ができるだけである。勉強ばかりさせて遊ばせなければ、いいように見えて結局は勉強そのものが出来なくなるのと同じ道理である。だからといって、右脳教育の必要は認めるが宗教教育などはもってのほかだから芸術教育を盛んにしよう、などと言ってもそれは無効である。なぜなら前章で繰り返し述べたように、宗教と芸術は不可分のものであり、また不可分のものとして捉えられた宗教と芸術でなければ、宗教も芸術も本物ではないからである。

　このような教育のさらに恐るべきことは、善悪の判断のできない人間、それに善悪の判断ができないというよりはそのことで苦しむ人間を作ることになる。後者の方がより知能の高い人間であり、より悲劇的である。確かに人間には善悪を判断できるような先天的能力が組み込まれてはいる。しかしそれを引き出すための教育というものが必要なので、そういう要素が教育環境に全く欠落しているような社会は悲惨なことになる。そしてこの誰が教えるともない自然の教育環境を作るのが宗教的土台であるが、その宗教的土台となるべき教会にあたるものが日本にはないとすれば、その土台作りは学校教育の中でなされるよりほかないであろう。

宇宙哲学なき宗教心

日本人が〈神〉という概念に違和感を覚えるもう一つの理由は、日本に宗教がなかったからでも、いわゆる宗教心が薄いからでもない。それは「神学」というもの、すなわち宇宙の構造を説明するような宗教的パラダイムが、歴史上あったためしがないからである。キリスト教圏では、宗教的パラダイムが先にあり、それを母体として、それを模倣する形で科学的パラダイムが生まれたのである。宇宙の法則、神の法則という法則の概念が両者をつなぐものである。宇宙の法則がなければ宗教も科学も成り立たない。そういう科学の上位にあるはずの宗教という概念が、わが国にはなかった、あるいは発達しなかったのである。

日本人について、宗教心が薄いなどとは決して言えないであろう。いわゆる「やさしい心」「ほとけ心」あるいは「あの世思想」といったものは、世界のどこにも引けを取らないであろう。日本人の持つそういうそこはかとない宗教心に、たいていの外国人は感動するのである。しかしこれは、宇宙哲学すなわち「神学」によってしっかり支えられた宗教心とは全く別物である。しっかりとした宇宙哲学あるいは人間哲学がなければ、「やさしさ」や「思いやり」といった美徳は、根をもつことができずにふらつかざるをえない。これは日本的美徳の悲劇といってよく、日本人の世界に類のないといわれる容共的甘さにそれは現れている。わが国では宗教と共産主義が手を握ったりするのである。

最もおどろくべきことは、多くの「宗教的」な日本人が〈神〉をなにか異物のように考えていることである。異物とは何ものか全く相容れないもののことで、たとえば体の中に残ったままの弾丸の破片のようなものである。我々の生命的宇宙観に立つ限り、もし〈神〉が異物であるとすれば、自分にとって自分が異物でなければならない。現にそう感ずる分裂症の患者がいるのである。もし〈神〉が異物ならこの患者のほうが正常なのであって、狂わずに平気でいる我々の方が異常である。自分の根源としての、生みの親としての、つまり生命的連続体としての〈神〉というものを全く考えてみることのできない人というのは、想像力のきわめて貧しい人だと言わざるをえない。それともこういう人々にとっては、自分がそこから「発生」してきた「原始スープ」（タメ便所となんの変わりがある！）の方が、心の休まるふるさとだということになるのであろうか。実に驚くべきことではある。

〈神〉などという異教の、絶対君主めいたものを持ち込むのは、やさしさや清らかさや自然信仰を伝統にもつ日本人としてプライドが許さないなどというのも、おかしな話である。これは欧米の物理学など模倣するのは日本人としてプライドが許さない、日本には日本の物理学がある、と言っているようなものである。世界の数学界など無視せよ、日本には日本の和算があるではないか、などと言う数学者がどこにいるだろう。宗教にも科学にも数学にも、真理は一つしかない。ただし私が「真理」というのは、万人の合意しうる、ある歴史の時点での最高の仮説という意味である。宗教的真理は一つしかない。同じ理由で芸術的真理も一つしかない。それは〈美のイデア〉が絶対的だからである。芸術の多様性というのは、その一つの〈美〉を目指すアプローチとしての多様性に過ぎない。アプローチは様々でありうる。

　宗教というものについての根本的な誤解が支配しているように思える。本書の始めに言ったように、宗教とは自分自身の根拠・根源の自覚のことであって、本質的にはそれ以上でも以下でもない。その意味では、自分自身の根拠・根源を物質だとする人も、それはそれで一つの宗教（基本の教え）を奉じているのである。ただそれは基本的な二者択一の一方の選択であって、普通には宗教とは言わない。もう一方の選択肢としての普通にいうところの宗教については、宗教の多様性などというものはない。現実の宗派・教派は多様であっても、宗教そのものが多様などということはない。現実の宗派・教派は、むろんそれが発生した時代と風土によって多様である。砂漠地帯に生まれたか、モンスーン地帯に生まれたか、その文化的・政治的な時代環境はどうであったか、などによって違ってくるのは当然である。また言語・風習が違えば、説き方も教え方も比喩も違ってくるだろう。要するにアプローチはさまざまであるが、目指すところは同じなのである。従って、どの宗教も完成しているわけではなく、昔も今も模索中、探求中のはずなのである。

　そのあたりの誤解が宗教についての最も大きな誤解ではないかと思う。この模索中という事実をとらえて、私は宗教のことをその時代々の最高の仮説だと言っているのである。もし、完成していないとか模索中だとかいう私の言葉をとらえて、腹を立てる既成宗教の信者がおられたら、私は「では、あなたはご自分の信奉される宗教を殺すおつもりか」と言いたい。なぜなら、成長を止めれば死ぬではないか、成長の止まったものは死んだものではないか。——そしてまさに〈神〉の概念が、そうした生きて成長するものでなければならないのである。

2　方向性としての〈神〉

目に見えず形もない

〈神〉という概念のために「道を直《なお》くする」努力を、以上のごとく皮肉とも嘆きとも揶揄《やゆ》ともつかぬ口調によってせねばならぬ事情を読者は理解されよ。それほどまでに現代という時代の精神風土は——これはわが国ばかりではない——歪んだ上に防備を厚くしているのである。十重《とえ》二十重《はたえ》の防備を突破してみれば、後生大事に守られていたものは、唯物論と偏見と蒙昧《もうまい》の抱き合った死体にすぎない。

しかし〈神〉に対する偏見をつくり出している最大のものは、反宗教の側のみならず宗教の側にも等しく責任があると思われるものである。それは〈神〉をなにか実体であるかのように思い描くという誤謬《ごびゅう》である。「実体」とは、形や大きさのあるものという素朴な意味においてであるが、これはもともと方便であったものが、そのことが次第に忘れられて人々の心の中に定着したものである。神は目に見えないが実在する、と無神論者を除くすべての人間が考え感じているだろう。それは生命や心が目に見えないが実在するのと同じである。ところが言葉と現実との関係について考え悩んだことのある人なら分かることだが、「実在する」と言ったときに、人はすでに具体的実在を思い浮かべるのである。言葉は存在を呼び出すものだと言われる。言葉の本質はそういうもので、すでに存在するものに後からつけた符牒《ふちょう》ではない。ところが存在を呼び出すときに、我々は目に見えるものとして呼び出さざるを得ないのである。「実在」という言葉についてもそうなのである。そこで「目に見えないが実在する」ものが実感できなくなるのである（実感できないという点では、現代物理学の世界でも同じであろう）。しかも我々は「実在する」と言ったときに、すでに何か存在のための受け皿（空間）があって、その上にあるように思いがちである。「神の実在」はそういうものではない。それは存在そのものである（と、取りあえず言っておこう）。

しかし、そういう風に言っても人は通常、納得しないのである。それは空間と空間上に〈延長されたもの〉が存在論的に先立つという抜きがたい暗黙の前提があるからである。私はそうではなく、生命や心が存在論的に先立つという前提を選択せよと繰り返し述べてきたのである。これは〈神〉の在り方へ通ずる手掛かりとしてであった。生命や心は〈神〉そのものではないにせよ、そこにつながるものであり、それを〈分有〉するものとして、取りあえず、つまり仮説として、考えてみよということであった。

実はここに、神の実在を主張する宗教者自身が陥っているかもしれない陥穽《かんせい》があるのではなかろうか。もちろん宗教者は、「神がいるなら出して見せてみろ」と言う素朴な唯物論者の挑戦を笑って取り合わないであろう。彼は我々の五感でとらえている世界が世界のすべてだとは思っていないからである。いわゆる超越的世界（あの世、霊界、超感覚世界）を信じているからである。しかし「超越的世界」がいかなるものかは別にして、その世界に行けば、神は「実体」として鎮座ましますのであろうか。それはその世界を知らない者には何とも言えないことである。しかしそういう仮説は仮説として機能しないと私は思う。そして我々が最初から一貫して取ってきた仮説は、そういう考え方を排除するものである。生命（あるいは生命＝意識）が存在論的に先立つという我々の仮説は、たしかに〈神〉を想定するが、究極の世界に行けば、神が形をとって鎮座ましますことを想定するものではない。

我々の仮説の想定する〈神〉は、これまでの論述から推測されるであろうように、いわゆる人格神でなければならない。決して単なる物理法則の総元締めのようなものではない。しかし、神が人格神であることは、神がいかなる意味においても「形あるもの」であることを要請するものではない。

いずれにせよ「（人格）神の実在」ということについて、これを信じたくとも信じにくくするような要因を、それを主張する者の側から提供するようなことがあってはならないであろう。そういう言い方は「信者」の機嫌を損ねるかもしれず、宗教的体験の深い世界を知らぬ者の言うことだと言われるかもしれない。いかにもそうかもしれない。しかし私はあくまで哲学の領域に踏みとどまっているのであって、哲学的な、つまり「人間学」の立場から合理的に〈神〉への地ならしをしているにすぎない。要するに、目にも見えず形もないものの実在を、許容するのみならず要請するような思考枠への切り替え（パラダイム・シフト）が、まず始めになければならないのである。そしてそれは、ちょうど頭の中で天動説を地動説に切り替えるのと同じで、意地を張るのをちょっとやめさえすれば、きわめて単純かつ容易なことなのである（これを平たく言えば、人体の実在は認めるが人格の実在は認められない、などと言わないでおこうということである）。

成長し生むこと

しかし我々の仮説は、この宇宙を生命としてみるということであった。生命とは静止したものではない。鎮座ましますものではない。それは成長することと新しく生むことを属性とする。すなわちこの宇宙は成長し生むことを本質としている。〈神〉とは何であるかを同定することはできない。けれども絶えず成長し新しく生みつつあるものの方向に少なくとも〈神〉を想定することは可能である。さらに成長とはどういうことか。ただなんとなく無意味に成長するということはない。必ず自己実現のため、目的達成のために成長するのである。いわゆる「進化」の事実が、宇宙が成長し生むものであることを実証している。〈神〉とは「ビッグ・バン」を最初に起こしただけで、あとは無責任に退いている存在ではないのである。

さらに我々が「実在」というと空間的実在を思い浮かべるように、「成長」とか「進化」という言葉は、肉体の成長、肉体の進化をただちに脳裡に呼び起こす。しかし我々の前提はこれを、心の成長、心の進化としてみることを要請する。肉体の変化は、心の成長を可能ならしめるために起こるのである。そもそも肉体の進化というのが誤った考えである。人間は飛ぶこともできず、力も弱く、目も鼻も他の動物のように利かない。それがどうして進化なのか。生きるとは何かを目指して生きることである。いったいこの宇宙は何を目指して生きているのか。我々は何を目指して生きているのか。我々の心が成長し、より広く、より高く、より明るい世界へと移り住んでいくように仕向けられているのはなぜなのか。それは自分のためなのか、人のためなのか、神のためなのか。

これまで「方向」とか「方向性」という言葉をしきりに繰り返してきた。いわゆる「進化」すなわち宇宙そのものの成長の方向性が、一人ひとりの人間の生きるべき、つまり法則としての方向性であること、それを倫理法則として捉えたときに初めて倫理が意味を持つことを言うためであった。この「方向」ということに最終的に意味が生ずるのは、その向かう先に〈神〉を想定する限りにおいてである。ただし〈神〉はかなたに固定され限定された何ものかとしてあるのではない。〈神〉は方向性そのものとしてあるのである。とりあえずそのように考えておきたいのである。そう考えるのが、今のところ最も合理的かつ有効である。ウィットゲンシュタインに倣って、言い得ぬことについては沈黙しなければならないとしたら、そこまでは言い得るのである。

〈神〉は、指しかつ指されるものとして、方向性のみあって実体のないものである。ただし「実体がない」というのは、日常的意味において言うのであって、真相においては実体そのものだと言ってよいだろう。そういうところから古来ひとは、神とは無であるが「無限に豊かな無」であるとか、「輝ける闇」であるというような言い回しをしてきたのである。ただ私は言葉を信ずるがゆえに言葉を弄することは避けたいのである。第一章で「〈美のイデア〉は実在する」という一節を設けたのは、私の考える神の在り方に最も近いものとして〈美のイデア〉があるからであった。〈美のイデア〉は具体性をもたない。その意味で抽象的な実体のないものである。しかしそれにもかかわらず、〈美のイデア〉すなわち美そのものは、我々の心をときめかせ、それに殉じて死ぬことさえ厭《いと》わぬ思いにさせるではないか。「美」にも方向性のみあって実体はない。けれどもそれは、我々を巻き込み強力に惹きつけてやまぬ方向性として、生きて働くのである。ただ〈美のイデア〉は、言葉を介さず直観によって無形かつ無限のものを「観る」ことを可能にさせるところの、そしてそのことによって〈神〉へのアプローチとなりうる、一つの入り口であるにすぎない。

3　神の実在ということの意味

西田幾多郎『善の研究』

我々は、我々の生きるこの世界を物質でなく生命として捉えることから始めたのであった。しかし「生命として」という漠然とした言い方をもっと厳密なものにするために、「〈眼〉よりも先に〈見る〉ということがあった」という命題を象徴的な存在論的公理として選んだのであった。これは意欲、目的達成意志、自己拡大意志、あるいは〈力への意志〉、自己実現といった、さまざまの言い方で表現できる生命力が、宇宙現実の根底にあることを言い表すものであった。つまり宇宙は、この見ようとする意志に貫かれて「進化」してきたのであった。そこまではベルクソンの言う通りである。しかし「進化」とは心の進化、すなわち精神の成長として考えなければならない、というのが我々の立場であった。

生命の属性とはそれだけではない。それは「生む」ものである。我々が「生む」存在として作られているということは、我々を生むものがあったということを必然的にする。なぜなら「生む」ことのできる存在が、「生む」ことのできない存在から発生するということは考えられないからである。我々の「生む」という属性は、我々を生んだより大きな宇宙的生命の属性を引き継いだものである。従って、我々の持っている、あるいは持っているはずの、自己実現への意志も、宇宙的生命の自己実現への意志を引き継いだものと考えなければならない。なぜなら親の属性が子に引き継がれるのが生命というものだからである。この親としての宇宙的生命を、我々はとりあえず〈神〉として措定《そてい》することにするのである。そこに何の不都合があろうか。

ちなみに、神が「実在」でなければならないということも、神と人の関係が「父子の関係」でなければならぬことも、西田幾多郎が『善の研究』（一九一一）で力説しているのである。しかしこのかつて多大の影響力をもった本も、〈神〉に関する限りわが国の人々にとっては馬耳東風であったようにみえる。

宗教とは神と人との関係である。神とは種々の考へ方もあるであろうが、之を宇宙の根本と見ておくのが最も適当であらうと思ふ、而《しか》して人とは我々の個人的意識をさすのである。この両者の関係の考へ方に由って種々の宗教が定まってくるのである。然らば如何なる関係が真の宗教的関係であらうか。若《も》し神と我とは其根底に於て本質を異にし、神は単に人間以上の偉大なる力といふ如き者とするならば、我々は之に向って毫《ごう》も宗教的動機を見出すことはできぬ。或は之を恐れて其命に従ふこともあらう、或は之に媚《こ》びて福利を求めることもあらう。併しそは皆利己心より出づるにすぎない、本質を異にせる者の相互の関係は利己心の外に成り立つことはできないのである。……凡《すべ》ての宗教の本には神人同性の関係がなければならぬ、即ち父子の関係がなければならぬ。併し単に神と人と利害を同じうし神は我らを助け我らを保護するといふのでは未だ真の宗教ではない、神は宇宙の根本であって兼ねて我等の根本でなければならぬ、我らが神に帰するのは其本に帰するのである。又神は万物の目的であって即ち又人間の目的でなければならぬ、人は各々神に於て己が真の目的を見出すのである。手足が人の物なるが如く、人は神の物である。我々が神に帰するのは一方より見れば己を失ふやうであるが、一方より見れば己を得る所以《ゆえん》である。[1]

一つの社会の思想的風土が、ここに言われているようなことに反対しないまでも、冷笑して聞き流すような体質を持つとしたら、その社会にとって将来の見通しは暗いと言わなければなるまい。そういう思想的風土がどこからくるのかを言い当てるのは難しいことではない。人々の意識を分析してみれば、「言われていることはなるほどご立派だが、それは事実ではないだろう」ということである。これは「事実」ということについての全く誤った考えからきている。そもそも自然界について、我々の視点とは関係なしに事実として主張し得るものなどない。すべてが解釈による事実である。無条件に事実と言い得るのは、人が決めたことがらについてだけである。「東京は日本の首都である」というのは事実である。それは東京を日本の首都と決めたからである。「日米戦争は一九四一年に勃発した」というのも事実である。それは我々がある事件をもって日米戦争の始まりと決め、かつ時の流れを暦によって区切ったからである。あるいは「三角形の内角の和は二直角である」も事実である。それはユークリッド幾何学の公理で、そうなるように決めたからである。しかし自然界については、それ自体で事実などというものはない。天動説に対する地動説でさえ事実とは言えない。そう解釈する方がはるかに合理的で分かりやすいから、これを事実として認定しているに過ぎない。それを承知の上でならこれを「真理」とさえ呼んでもよい。西田のここで言っていることは人間的・「人間学」的事実である。それは、もう一方の世界解釈である唯物論的・科学的解釈などとは比べようもなくすぐれた、有効な解釈であるという意味において、事実であり真理なのである。

〈愛〉の実現

本題に戻る。

我々のここでの課題は、人間的・「人間学」的事実としての〈神〉を明らかにすることである。我々の住む宇宙についてさらに重要なことは、先にも述べた「宇宙がますます生命化していく」（エリッヒ・ヤンツ）という事実である。すなわち、より物質的な状態からより生命的な状態へ、宇宙そのものが漸次高められてきた、あるいは目覚めたという事実である。これは誰も否定することができない。物質的な生命状態からより生命的な生命状態へ移行するということは、どういうことを意味するのか。すでに述べたことを繰り返すが、物質原理と生命原理は明確に対立する。物質の属性――〈延長〉の属性といってもよい――が、排除、敵対、自己主張、孤立といったものであるとするなら、生命の属性は、融和、相互浸透、共存、そして究極的には、自己犠牲であり愛なのである。物質原理がそのようなものであるのは、物質が物理空間を前提とするからである。一つの空間を二つ以上のモノが占めることはできない。これに対して生命は空間を前提とするものでないから、無限に融合し重なりあうことが可能である。〈愛〉というものの属性がまさに、無限に融合し重なりあうことである。

我々の宇宙が物質から生命へというヴェクトル、つまりより大きく生命を実現するという方向性を明確に持っているということは、何を意味するか。それは宇宙的生命の目的が、より大きな〈愛〉を実現することにあることを意味する。〈神〉とは即ち〈愛〉であるという宗教的命題の根拠がそこにあると考えることができる。そして我々が宇宙的生命から生まれた存在だということを事実として認めざるを得ないとすれば、愛の実現という親の目的を、子たる我々が受け継いでいるはずなのである。これは我々の願望でも希望でも幻想でもない、事実として認めなければならないものである。それはまた外からの強制でもない、我々の内部からの命令としてあることを認めなければならない。あるいは外からの命令であると同時に内からの命令である。我々は我々の内部に我々を超えたものを持っているのである。そして我々と我々を超えたもの、すなわち〈神〉とがつながるのは、やはり宇宙が一つの生命であることによるのである。

カントの哲学はア・プリオリなもの、我々の生まれながらに持っている資質を機軸としている。彼は『実践理性批判』を次の有名な言葉で結んだ——。

ここに二つの物がある、それは——我々がその物を思念すること長く、かつしばしばなるにつれて、常にいや増す新たな感嘆と畏敬の念とをもって我々の心を余すところなく充足する、すなわち私の上なる星をちりばめた空と私の内なる道徳的法則である(2)（傍点原文）。

このカントの感動は、自分の内部に自分を超える高いものが存在していることに対する感動である。カントは、おそらく「進化」という観念が当時まだ十分でなかったために、なぜそうなるかの証明はしようとしないけれども、「道徳的法則」というとき、神からの命令と内からの命令が相重なる、自己の内部の、不思議な仰ぎ見るような部分を指して言っているのである。

人間の行為の規定根拠は、まったく彼の力の外にあるもののなかに、すなわち人間と異なるような或る最高存在者の原因性のなかにある。そして人間の現実的存在と彼の原因性による規定のすべては、悉くかかる最高存在者に依存している。

また世界統治者（神）は、彼の現存と彼の栄光とを我々に推測せしめるだけで、これを瞥見《べっけん》させあるいは明らかに開示することをしない。しかし我々の内にある道徳的法則は、我々に何か或るものを確約するでもなく、また我々を威嚇もしないのに、利己的ならぬ純粋な尊敬を我々から要求する。(3)

生命原理というものの究極が偉大な〈愛〉でなければならないということ、従ってこの宇宙は、我々人間を巻き込んで〈愛〉を実現させるために、初めからそして今も働いているという結論を、我々は容易に引き出すことができる。そして我々のあらゆる行動を基礎付けるべき倫理道徳は、さらにこの〈愛〉によって基礎付けられていなければならないことになる。何ゆえに世界のあらゆる高等宗教が愛を強調しなければならないのか、そのいわば自然学的根拠をそこに見出すことができるのである。しかし〈愛〉とはいったい何であるのか。人間にとって、「人間学」にとって、最も本質的であるべきこの問題に我々はまだ答えていないのである。

4　〈愛〉——最も尊くかつ最も蔑《さげす》まれているもの

冷笑する現代人

カントをもじって言えば、ここに二つの物がある——それは我々がその物を思念すること長く、かつしばしばなるにつれて、常にいや増す不可思議の念でもって我々を満たすものである。すなわち人間にとって最も尊く重要でありながら、最も蔑《さげす》まれ忌避されているものが二つある——〈神〉と〈愛〉である。

おそらく〈愛〉という概念ほど、その本来の地位から引きずり降ろされ、貶《おとし》められ、辱《はずかし》められ、冷笑され、不信の目で見られているものはないだろう。〈神〉と同じく〈愛〉は知識人たる者の口にすべき言葉ではないかのようであり、低俗な歌の文句か、ほとんど冗談で使う以外には使われることがないだろう。人はこの事実を取り立てて怪しまないかもしれない。しかし〈愛〉という言葉がこの上なく軽い響きを持つということは、〈愛〉の中身がこの上なく軽いということであり、この言葉をそういうふうに使う人間がこの上なく軽いということにほかならない。むろんこれに代わる言葉が存在するわけでもない。

〈愛〉というものに対する大多数の現代人の反応を要約すれば――「そんな甘っちょろいものに騙《だま》されてたまるか！」ということに尽きるだろう。この基本的態度によって「現代思想」は組み立てられていることを知るべきである。あたかもそんな馬鹿げたものに触れないのが知識人の証であると言わんばかりに、人はこれを忌避するのである。現代の思想界に少なからぬ影響を与えたと思われるハイデガーの『存在と時間』には、一度も〈愛〉という語は出てこないとされる。その限りにおいて、現代人および現代思想は、プラトンの『国家』に登場する冷笑家のトラシュマコスに似ている。

しかしこれは考えてみれば、悲しい防備であり、悲しい反応ではないか。「そんな甘っちょろいものに騙されてたまるか」とは、親に愛されなかった子どもの言うことである。親に愛されなかった子どもが長じて、そういう人間不信の防備の姿勢を身につけるのである。〈愛〉に対するそういう反応が世間一般の「空気」であるようなところで、いったいどんな人間が育つであろうか。他人に対してそういう姿勢を取るのはまだよいとしよう。しかしこれが夫婦や恋人の間にさえ、親子や兄弟の間にさえ、ひそかに流れる感情であるとしたら、そしてそれが「相場」であり当たり前であるとしたら、まさに肌寒さを感ずるではないか。そして我々の社会が現にそうなりつつあるではないか。離婚の増加、性道徳の低下、家庭崩壊、少年犯罪の増加、児童虐待の増加——。なかんずく深刻なのは児童虐待の増加であって、これはドストエフスキーをして、これを許す神を自分は許すことができない、とある登場人物の口を通じて言わしめたものであった。これらすべての根にあるのは、本来の愛が見失われているという一事である。

しかし本来の愛とは何であるか。この最も重大な問題を考える前に準備を要する。我々はまず、なぜその反対物である〈憎しみ〉にこれほどまでに人気があるのかを考えてみなければならない。これは誇張した言い方ではない。我々の文化を分析してみればすぐ分かることである。

5　なぜ人は〈愛〉より〈憎しみ〉を選ぼうとするか

魅力的な〈憎しみ〉

〈愛〉が徹底的に貶められ、冷笑され、信用されなくなったことの背景には、キリスト教がその本来の役目を果たさなくなったことに対する、キリスト教への不信があるだろう。それならばいっそ、その正反対の憎しみを徹底的に追究していけば打開の道が開けるかもしれない、と人々が考えたとしても不思議ではない。これがマルクス主義に最も典型的に現れたような、我々の時代の憎しみと不信の哲学であったと考えてよいだろう。キリスト教国であるなしにかかわらず、この哲学は世界的なものであった。

アイルランドの詩人Ｗ・Ｂ・イェイツ（一八六五～一九三九）に「リブはキリスト教の愛を不十分なものと考える」と題する詩がある（『超自然の歌』）。そこでイェイツは、リブという人物の口を借りてこんなふうに語りだす。

なぜ私が愛を探し求めたり、研究したりしなければならないのか、
それは神のものであり、人知を超えたものではないか。
私は大いなる勤勉をもって憎しみを学ぶのだ。
なぜならそれは、私の自由に操作できる情念だからだ、
それは理知でも合理でもない一切のものを
魂から掃き清める箒《ほうき》のようなものだからだ[4]。

ここに「人はなぜ愛より憎しみを選ぼうとするか」という問いに対する見事な答えがある。「愛は神のもの」であるが、憎しみは人間のものである。つまり愛は苦手だが、憎しみは人間の得意中の得意分野ではないか。近代西欧の神なき人間中心主義が自然に行き着く先は、人間が自由にあやつることができ、しかも曖昧さを一切もたないがゆえにきわめて魅力的な〈憎しみ〉なのである。憎しみの魅力とは即ち唯物論の魅力である。物質原理は生命原理とは対照的に、相互排除であり自

己主張であって曖昧や妥協を許さない。それは硬質で明瞭なモノとモノが空間を奪い合う、いわばAか非Aかいずれかという排中律的原理である。「弁証法的唯物論」の魅力はいわば力学の魅力ではないか。物理学の魅力も、少なくとも不気味な（と言われる）量子論の出現まではそこにあったのである。この原理が世界の多くの人々を魅了し、〈憎しみ〉即ち排除による「革命」を科学的必然と思わせる力をもったのであった。〈憎しみ〉は〈愛〉などと違って鋭角的であり、はっきりした輪郭と自主性をもち、「自由に操作できる」実体としていわば「科学的」である。科学的社会主義というのはそこからくる（生命を物質として扱うという現代の生命科学も、もとを正せば同じところから来ている）。これがあまりに魅力的であるために、長年にわたって人を狂わせてきたのである。

イェイツの詩は次のようにつづく。

なぜ私は男を憎み、女を憎み、世を憎むか？
それは私の不信を許さぬ魂が放つ光だからだ。
恐れも欺瞞《ぎまん》もいっさい持たぬ憎しみは、
もろもろの不純なる物を発見し、ついには、
その不純なるものどもがなくなったとき魂がどんな姿をしているか、
それらが始まる以前にはどんな姿をしていたかを、示すことができるのだ。

〈憎しみ〉は確かに人間を浄化する劇薬である。欺瞞的な〈愛〉が堕落した人間を改良するのに効き目がないと悟ったときに、人間はこれに走ったのである。それが共産主義という前世紀の一大実験であった。しかしこれは汚れを取る濃硫酸と同じで、汚れとともに対象自体を滅ぼしてしまうものであった。自由主義社会が勝ったわけではない。自由主義社会は汚れをいっぱい付着させたまま、汚れに埋もれてかろうじて生き残っているだけである。この詩は次の節で「神への憎しみが魂を神へもたらすかもしれぬ」と言い、ドストエフスキーの無神論者のように信仰と紙一重であることを示唆する。そして最後には、「魂の中に神が住まぬ限り、魂はどうして生きることができようか」と、神への帰依によって終わるのである。〈闇を通じて光へ〉ということである。これが神なきヒューマニズムという近代西欧の選んだ実験の深い意味を、逆説的に示すような詩であることは分かるであろう。〈憎しみ〉という劇薬で一掃した「もろもろの不純なる物」とは、欺瞞的な〈愛〉のもつ偽善的なやさしさのようなものであろう。そういうものに騙されまいとする意志が、その逆の〈憎しみ〉をこそ純粋なものとして、また力の源泉として、これを担ぎ上げようとするのである。共産主義が宗教であると言われるゆえんである。

この「不純なる物」という言葉に注目するといい。我々はふつう、不純異性交際などと言う。しかし現代の若者のある者たちは、肉体交渉のみが純粋で、プラトニック・ラブは不純だと言うのだそうである。彼らにとっては、ピューリタンこそ最も不純な者たちのことである。この詩で言う「不純なる物」とはまさにそういう意味である。それほどまでに〈愛〉が信用をなくしているということである。

物質原理に立つ性教育

さらに注目すべきことがある。左翼唯物論者たちによって指導され、広く受け入れられている性教育のことである。ここでも〈愛〉は不純なものという暗黙の前提があるがゆえに、性の衝動や即物的な性交についての、つまり物質原理の上に立つ性教育がなされるのである。性の物質的な、明瞭に目に見える側面のみが、性の純粋な部分である。物質の原理とは排除、自己主張、要するに〈憎しみ〉の原理である。性教育がそこまで物質に還元され、しかもそれを批判する声も弱いという事実は、我々の文化がいかに歪んだ文化であるかを示すものである。この性教育を推進する人たちは、別に「憎しみの原理」などで教育はしていないと言うであろう。しかし人間の性《セックス》というものについて少しでも冷静に考えてみるなら、性をモノとして理解するか心として理解するかによって、悪魔と神の差が生じることがわかるはずである。いったい我々は強姦と和姦の区別をどうやってつけるのか。もちろん一方的な強姦は犯罪として扱われる。しかしそれなら相互強姦というべき姦淫はどうか。それは外から見る限り和姦であり、それどころか最も純粋な〈愛〉の行為と見分けがつかないだろう。自己の欲望のためには相手はどうなってもよいという者同士が交われば、これを外から見る限り、最も神に近い愛の行為と全く区別はつかないのである。人間の性は純粋に心の問題であり、心の問題以外の何ものでもないことがわかるであろう。

性教育は従って心の教育でなければならない。ところがここに困難が横たわる。それは実践上の困難ではない。パラダイムの上の困難である。性教育が心の教育でなければならないというところまでは、人を納得させることはそれほど困難ではなかろう。しかしその心の教育あるいは愛の教育が、唯物論的パラダイムの上でなされるとしたら、それはほとんど効果がないと言わなければならない。「ほとんど」と私は言う。全く無効だとは言わない。これが本書の始めからのテーマである。もし本質的に物質であるような世界が我々の世界であり、その中で性の世界だけが、特別にぽっかり穴のあいた心（愛）の空間であるというように思いなされるとしたら、そういう前提に立つ性教育は無効だということである。そもそもそういう前提が人間の世界を侵食し始めたことから〈愛〉の凋落《ちょうらく》が始まったのである。〈愛〉など物質の圧倒的な圧力の前にはひとたまりもない。そこで人は〈愛〉とは正反対の〈憎しみ〉に力を借りようとするのである。

病気という自覚

いったいどうすればよいのか。それは言うまでもない。〈愛〉そのものが大きな力となって押し返すことである。〈愛〉のパラダイムの反攻以外に打開の道はないのである。ここでも肝心なのは柔軟な想像力である。自分の立っている立場を相対化してみることができなければならない。〈神〉という言葉に偏見をもつ偏狭な人がいるように、〈愛〉という概念に最初から偏見を持つようなことがあってはならない（「愛」という言葉は仏教では悪い意味に使われるからなおさらである——愛欲、貪愛など）。「愛などと、そんなものにだまされてたまるか」と言う人は、虐待されたために人間をいっさい信用しなくなった犬と同じなのであって、自分が心を病んでいるのだという自覚をもっていなければならない。病んでいるという自覚さえないところに回復はないのである。左翼唯物論者の推進する性教育にしても、これを異常だと思わなければならない。異常なものを見て異常とも思えないとしたら、それは異常者である。

先ほどのイェイツの詩は、憎しみに徹底することによって神（愛）へ、闇に徹底することによって光へ、という逆説的な詩であった。ここには愛の反対物としての憎しみ、光の対立物としての闇、という明瞭な意識があるからこそ救いへの道が開けるのである。

同工の詩が、やはり二十世紀の重要な詩人T・S・エリオットにもある（『四つの四重奏』）。

我々の唯一の健康は病気だ――
死に行く看護婦が我々にそう教える、
彼女の変わらぬ看護法とは、人の気に入る世話でなく、
我々の、そしてアダムの呪いを思い出させること、そして回復のためには、
我々の病気はもっと悪くならなければならないことを、思い知らせることなのだ。(5)

自分が病気でありながら病気であることに気づかないとしたら、もっと悪くなってみるよりほか

ないかもしれない。自分の状態を知っていることが健康の条件である。しかし健康を忘れてしまった者に対しては、病気を重くしてやる以外にないかもしれない。〈愛〉をことさら退け、これを忘れてしまった者には、〈憎しみ〉の地獄を見せてやるほかはないのかもしれない。

そう考えることによって、北朝鮮のような国を摂理史観的に理解することができるのではないかと私は思う。憎しみと不信によって支えられていると言ってよいほどの、この我々の想像を絶する国家がなぜ現れたのであろうか。これは「(愛＝神への)回復のためには、我らの病気はもっと悪くならなければならないことを、思い知らせる」ためではなかったか。これを人類の貴重な実験として、自分のこととして考えなければならないであろう。彼我の本質的な差はない。ただ我々は組織的に国家的に〈憎しみ〉の原理、唯物論哲学を採用しなかったというだけである。

我々は回復すべきものを知っているか。とうてい知っているとは言えない。回復の方向がどちらかをも知らない。回復すべきものも、回復の方向をさえ知らないということは、自分自身の診断ができないということである。ただ、かつてない異常な兆候が出始めていることは誰にでも分かるのである。

6　本来の〈愛〉とは何か

矮小化された〈愛〉

いったい自分が病気でありながら、そのことを知らない、気づかない、病気として認定することもできない、という状況がどうして生ずるのであろうか。それはたった一つ、宇宙の方向性を知らないということ、すなわち「健＝全体」としての〈神〉の方向を知らないということからくるのである。「健＝全体」としての〈神〉の方向とは、本来の〈愛〉の方向でもある。およそ人間の正常と異常の区別がどうしてつくのかといえば、〈神〉を知ることによってつくのである。それなくして決して区別は生じない。人間が〈神〉を抜きにして勝手に正常と異常を決めることはできないのである。そのような傲慢をあえて貫けばどうなるかは言うまでもない。現にそうすることによって人間は狂い始めているではないか。この期に及んでなおも事実としての〈神〉を否定する人があるだろうか。

〈愛〉とは、宇宙の「生命化」の方向の究極にあるものとして、〈神〉そのものとして解釈されなければならない。しかし〈神〉や〈美のイデア〉をどこかで行き止まる終着点と考えてはならないように、〈愛〉も人間の把握や思量の及ぶものと考えてはならない。ただ方向だけが歴然として人間に与えられているのである。これは神秘といえば神秘である。けれども明瞭な、合理的な神秘である。T・S・エリオットが同じ詩で、「人間はあまりに強烈な現実には耐えられない」と言ったように、究極の〈愛〉とは、人間を沈黙させる一つの強烈な光のようなものとして捉えるよりほかないものである。これは人間にとっての現実である。誰かが勝手に作ったことではない。人間の把握や思量の及ばないものが、それにもかかわらず事実として人間に与えられているのである。

ところがその〈愛〉が小ばかにされ、苦笑とともに遠ざけられるに至ったのはなぜか。理由ははっきりしている。〈憎しみ〉が硬質で、手ごたえがあり、「科学的」に制御しやすいその分だけ、〈愛〉には明瞭な形もなく、手ごたえもなく、要するに人間の手に負えないからである。従ってこれを人間的なサイズに、わかりやすく矮小化《わいしょうか》して考えるようになったのである。そして人間は、自分が勝手に矮小化したものを小ばかにするようになったのである。だから近・現代の歴史をみれば、知識人に圧倒的に人気があったのは〈憎しみ〉のほうであって〈愛〉ではない。その結果、どうなったかと言えば、〈愛〉とは低俗なポルノの性愛のことか、歯の浮くようなドラマのせりふに出てくる言葉のことであり、およそ知識人の口にすべき言葉ではないと思うような風潮が、現れることになったのである。

無償の〈愛〉

〈愛〉による世直しなどと聞けば、「世の中そんなに甘いものではないのだよ」と、わけ知り顔に言う人がある。我々はそういう人に対しては、世の中は憎しみに憎しみをぶつけて解決するほど甘いものではないと言わなければならない。あるいはこうも言える——世の中はモノの原理を貫くことによってうまくいくほど甘くできていないのだ、と。そういった冷笑家は〈愛〉についての二重の思い違いの上に立っている。一つは、愛などといっても口先のきれいごとで、結局は自己愛に基づいている、つまり愛は偽善でしかありえないという思い込み。もう一つは、かりに偽善でないにしても、そういうものによって人間が動くはずがない、つまり人間は利己的でしかありえないという独断。確かにそれは半面の真実ではある。しかしこれは人間というものを一方向からのみ捉えた自虐的人間観というべきものである。これが人間をもっぱら「下から」見るというきわめて貧しい、しかし近来、人気のある仮説だったのである。人間など一皮むけば色と欲にすぎない、などとさえ言っておれば学者として人気が出るのが我々の時代であった。それは人間の持つもう一つの普遍的側面を、盲目か故意によって全く見落としている。それは、いついかなる場合でも人間を無条件に、かつ最も感動させるのは、無償の〈愛〉だという事実である。

絶対的な無償の〈愛〉というものはありえないものであるか。かりにこれを唯名論的にありえないとしよう。しかしそういうものを考えてみることはできる。そしてその考えられたものが、あらゆる考え得るものの中で、最も人を感動させるものであることは否定できない。いかなる冷笑家もこれを冷笑することはできない。いかなる〈美〉もその前には色あせる。いかなる〈知〉もその前には無力である。我々はこの事実を尊重しなければならないのである。人間を無限に、無条件に感動させるものを、人間が自らの内部に持つということの事実、これを無視することはできないのである。〈良心〉といわれるものについても同様のことが言える。そういうものを無視できるとすれば、それはあくまで〈心〉を物質から生ずる泡のごときもの、つまり幻想と考えた場合だけである。

繰り返し述べたように、我々はこの宇宙現実の歴史というものを、〈心〉が目覚めていく過程と考える以外に合理的な考え方はない。宇宙の〈心〉が目覚めていくということは、我々の心が目覚めていくということである。我々は宇宙を担う存在である。そしてそれは自己中心性という「無明」を脱ぎ捨てていく過程である。自己中心性を抜け出した究極にあるものは無償の〈愛〉でなければならない。だから無償の〈愛〉とは、我々の実現すべき、そして実現すべきであるがゆえに実現しうる、究極の現実として与えられたものと言わなければならない。なぜなら人間とは、因果律によって過去から押し出されるだけの存在ではない、未来から行為を迫られる存在だからである。未来から迫られる行為とは自己実現への行為である。人間とは「完＝全体」あるいは「健＝全体」としての〈神〉に近づくべく――ただし自動的にでなく努力によって――予定され計画された存在である。人間とは努力するように作られた存在と考えるべきである。「汝らの天の父が完全であるように完全であれ」（「マタイによる福音書」五章四八節）というのは、そのような意味すなわち「全体論」的完全（whole）の意味に解釈すべきだろう。

〈愛〉の実践は相当の自己訓練を要求する。聖書の言うとおり、汝を愛する者を愛したところでなんの手柄でもない。汝の敵を愛するから〈愛〉なのである。しかも汝の敵を許したばっかりに恨みが内攻し、しこりが残るようなら、始めから許さない方がましであろう。生命原理としての〈愛〉は自己犠牲を要求する。しかしそれは〈小我〉を殺して〈大我〉を生かすため、すなわち「全体」の健康のためである。より大きな、より高次の「全体」におのれを同化させるだけの想像力と度量を持つならば、自己犠牲という語に伴う悲壮感や恨みがましさなどは吹き飛ばされるであろう。そんな度量は持ち合わせていないと我々は言うかもしれない。しかしそれなら、そういう度量を持つように努力をすべく、人間は設計され期待された存在だということだけは、認めなければなるまい。

それが人間存在に与えられた方向性というものであり、人間とはいわば退路を絶たれた、そちらに進むよりほかない存在である。しかもただ進むのではない、進むには必ず苦闘が伴い、自己犠牲さえ要求されるのである。生命あるものの成長とはそういうものである。一度生まれたものは成長という一方向をたどるよりほかない。これを逆に進むことはもちろん、停滞することも許されない。しかも成長するということは、絶えずおのれを超えるべくおのれと戦うということである。戦わずして成長することはできない。苦しまずして生きることはできない。

人間の不幸は、苦しみや戦いが避けられないことにあるのではない、苦しみや戦いの意味がわからないことにあるのである。無神論や唯物論は、いかにしてもその意味を示すことができない。しかもそれは学問的仮説としてもきわめて弱いではないか。人生が無意味であることに耐えよ、などという教説は、弱い思考力からくる無責任な哲学である。それに耐えられるほどの力をもし本当に持っているなら、その超人的能力をもっと別のところに使え、と我々は言わなければならないのである。

幸福とは何か

ひるがえって幸福とはなんであるか。もし幸福が、苦しみや戦いを避けて安穏な一生を送ることだとするなら、それは真の人間的自覚、すなわち宗教的自覚において生きる者の願うものではない。なぜなら人間はそういうふうに生きるように目論まれてはいないからであり、ほとんど自然に反することだからである。ところが無信仰者も信仰者も含めて、多くの人は〈幸福〉をそのような、温室の中の幸せのような意味に解している。そういう〈幸福〉の解釈から宗教に対する愚かな非難が始まる。宗教は幸福を約束すると言いながら少しも人を幸福にしていないではないか、あるいは反対に、そんな自分中心の幸福を信者だけに約束することになんの意味があるのだ、といった非難である。どちらも、宗教が人を幸福にすると言われることに対する浅はかな誤解、あるいは故意の曲解から発している。

そもそも〈幸福〉には、与えられる幸福と、与える幸福がある。〈幸福〉という言葉にどこか憂鬱な、うしろめたいような響きが伴うのは、与えられる受動的な幸福を思い浮かべるからである。これは子どものように、もっぱら愛され保護される者の幸福である。人間はそういう段階を必ず通過しなければならない。家庭において全身に愛を受けとめたという経験がなければならないだろう。けれども人間は、そういう幸福の段階にとどまることによっては幸福になれないようにできているのである。人間は、与えられた幸福を与えるようにならなければ、本当に幸福にはなれないと言われる。幸福とは求めて得られるものではない、ひたすら他者のために生きているうちに、思いがけず自分が幸福になっていることを見出すものだとヴィクトル・フランクルは言った。宗教の約束する幸福とはそういうものである。

7　他者との闘争から自分との闘争へ

生命原理へのパラダイム転換

もし〈幸福〉がもっぱら「温室の中の幸せ」を意味するのだとしたら、少しでも向上心を持った人間であれば、これを軽蔑するのは当然である。ちょうど〈愛〉というものを生ぬるい、偽善的なものと考えた人間が、その反対物たる〈憎しみ〉に望みを託そうとしたように、〈幸福〉を女々しい退嬰《たいえい》的なものと考える人間は、〈闘争〉にこそ人の生きる道があると主張したくなるだろう。〈闘争〉こそ新境地を切り開く道であるというのは正しい主張である。たしかに闘争なしに人間は発展することはできない。しかしここでまた人類は大いなる過ちの歴史を作ったのであった。すなわち、他者との闘争が人類発展の道と考え、これに訴えたのであった。これが戦争と殺戮《さつりく》の世紀といわれる二十世紀に頂点に達した。生存闘争、社会ダーウィニズム、階級闘争、覇権闘争、収奪闘争、ファッシズム、ホロコースト――そして今なおつづく民族間闘争、宗教間闘争。すべてこれらが、相互排除を唯一の解決策とする物質原理の哲学からくるものであることを認識しなければならない。

いま我々人類に求められているのは、この物質原理の哲学を、敢然と生命原理の哲学に切り替えることである。これは人類の体質改善と言ってもよいものである。これまで人類は一度として戦争体質を抜け出したことがなかった。その体質を変えなければならないのである。生命原理とは何度も言うように、融和であり、相互浸透であり、共存であり、自己犠牲であり、究極的に〈愛の原理〉である。これを「パラダイム転換」といってもよいが、我々が問われているのは単なる頭の切り替えではない、そこに生死のかかった転換である。なぜなら正しい原理の選択による以外に、人類の生き延びる道はないからである。

人は哲学とか原理などと言えば、迂遠なもののように思うかもしれない。しかし間違った哲学や原理の上に立っては、この世界の情況は何一つ改善も進歩もしないのである。我々は「平和を願う」とか「人類が平和でありますように」などと言うが、戦争体質をもったままで平和を願っても、それは気休めか自己欺瞞にすぎない。平和を願うということは単に戦争がないことを願うということではないはずである。戦争さえなければ世界は健全な状態にあるなどとは誰も思わないだろう。我々の心が健全であることなしに、世界の健全などというものはありえないのである。

善と悪との闘争

それでは我々は、闘争をやめて〈愛の原理〉に切り替えるためには、去勢すればよいのか。去勢して一切の闘争や闘争心をなくすれば〈愛〉の支配する世界がやってくるか。それは愚か者の考えることである。闘争や闘争心をなくして、どうして真の幸福をつかむことができようか。どうして〈愛〉を実現することができようか。ただその闘争は、もはや他者との闘争ではない、自分との闘争でなければならない。今や我々人類は、〈他者との闘争〉という時代遅れの低次の闘争原理から、〈自分との闘争〉という高次の闘争原理へと、生きるための原理を切り替える時期にきていると考えるべきである。欲望はなくなってはならない。ただそれは、おのれを超えようとする欲望でなければならない。なかんずく征服欲はなくなってはならない。ただ征服するのはおのれ自身でなければならない。

これをカン違いして〈平和主義〉だなどと思ってはならない。闘争をやめるのではない、愚かな闘争をやめるだけである。世界を正しい方向へ向けかえるための闘争が不可欠なのである。戦争において無差別殺戮が許されないように、ともかくも平和でさえあればよいといった無差別平和は平和を実現する道ではない。ユネスコ憲章にも言うとおり、「戦争は人の心の中で生まれるものであるから、人の心に平和のとりでを築かなければならない」。ということは、人の心という戦場での戦闘は続けられねばならないということである。その心の中で何と何が戦うのであるか。それは物質原理そのものと生命原理そのものの戦いである。低次の物質原理による戦いは、その低次の原理と生命原理の戦いという、より高次の闘争原理に取って代わられねばならない。これはもはや階級闘争や覇権闘争でなく善と悪との闘争である。他者との戦いが階級闘争や覇権闘争であるとすれば、自分との戦い、人の心の中での戦いは善悪闘争である。それは最初から生命としてあるものが、おのれの物質性を克服し、おのれを高めていく闘争である。したがってそれはおのれ自身に対する闘争であると同時に、唯物思想という思想に対する思想闘争なのである。この闘争は熾烈《しれつ》を極める。

しかしこれが、生命としての宇宙が否応なく向かわなければならない方向へ向かって前進するための、避けられぬ闘争であることは、再々述べてきた通りである。

我々は〈悪〉としての唯物論的自己主張を脱して、〈善〉としての生命的融和、すなわち〈愛〉へと向かわなければならないのである。これが真の「歴史的必然」であって、マルクス主義の「歴史的必然」は作られたものである。しかしそれは、克服されるべき物質原理（唯物論）として、世界史における人間への課題として現れたものと解することはできる。では宇宙的必然としてのこの闘争は、いつか止むことがあるのだろうか。人類が続く限りそれはないと考えられる。なぜならそれは闘争とは言いながら、内なる高次の、向上の努力であり、人が生きるということは何かを実現すべく努力を続けることだからである。〈神〉や〈愛〉や〈善〉を終着点のない方向性として解釈する以上、人類の努力は止むことがないのである。

先にその詩の一部を引用した詩人W・B・イェイツに、英文学史上最も偉大な言葉の一つと私の考える「他者との戦いからはレトリックが生まれるが、自分との戦いからは詩が生まれる」（We make out of the quarrel with others, rhetoric, but of the quarrel with ourselves, poetry.）という有名な言葉がある。[6]「レトリック」（修辞）とは他人を言い負かし制覇する言葉のわざのことであり、「詩」とは人の心にしみ込み人を変える力をもった言葉のことである。前者は物質原理に立つ戦いであり、後者は生命原理に立つ戦いである。この言葉が短いながら偉大であるのは、これが詩の本質を言い当てるものであると同時に、倫理の方向を指し示すものだからである。つまり神や愛や善に向かう方向性を指し示しているのである。

我々は戦うことによってしか〈幸福〉を摑むことはできない。受動的な「温室の中の幸せ」を幸福と感ずることは決してない。能動的であること、絶えず脱皮していくこと、征服していくこと、その中にしか幸福はない。それが生命としての宇宙現実の要求だからである。ただその要求は、明確で強力なヴェクトルとして一つの方向を指している。その方向を踏み外して生きることによって幸福にいたることは決してない。その生きるべき方向を〈神〉と言うのであって〈神〉は現実である。受動性や停滞を恐れるのはほとんど我々の本能ではないか。これは不思議なことである。我々はたえず戦うようにできているのである。そのために死ぬことさえ厭わないようにできているのである。ただ、何のために何をめざして何と戦うのかを見失ったとき、我々は不幸に陥るのである。人は「闘争本能」といえば動物のそれを思い浮かべる。そしてそれが人間にもあることを認めて、これを恥じたり、開き直って肯定したりする。闘争本能を否定する必要は全くない。ただ人間のそれはもっと高次のものでなければならないのである。闘争本能なしに、どうして宗教的な苦行や荒行などということが可能であろうか。

人の心を戦場とする善悪闘争が、今からの我々の闘争でなければならない。他者を抹殺して自分の居場所を作るなどという闘争が全く無効であることを、二十世紀の悲痛な実験を通して我々は最終的に知ったのである。善悪の方向が定まったときに初めて我々は「生き始める」と言ってよかろう。それはほとんど生理的不快が吹き飛ばされたという感じである。現代の少数だが、私の知る真の覚醒者と言うべき人々の顔の輝きにそれを見ることができる。思えばこれまで、我々の世界には邪悪な空気が立ち込め、羅針盤を狂わせるものがあったのである。閉塞感の中で、生きることの意味も、生きるべき方向も、だれが敵か何が敵かもわからなかった。要するに「けじめ」のつかない時代に生きてきたのである。これを否定できる人はあるまい。これを我々は、歴史の大きな転換期に伴う混迷の時代であったと考えることができると思う。いま我々には新しい「けじめ」が見えてきたと言ってよいだろう。

宇宙的生命との同化

〈善〉とは何か、〈悪〉とは何か。どうするのが〈善〉で、どうするのが〈悪〉か。この問いに答えることはできない。ただ善悪の方向性が歴然としてあるだけである。「善悪のふたつ、惣じてもて存知せざるなり」という親鸞の言葉は、条件付で正しいと言わなければならない。これについて、私が前著『意識の再編』に引用し、カントの『実践理性批判』にも引用されている聖書のエピソードを、再び引用することを許していただきたい。「マタイによる福音書」十九章にこうある――。

するとこ、ひとりの人がイエスに近寄ってきて言った、「先生、永遠の生命を得るためには、どんなよいことをしたらいいでしょうか」。イエスは言われた、「なぜよい事についてわたしに尋ねるのか。よいかたはただひとりだけである。もし命に入りたいと思うなら、いましめを守りなさい」。彼は言った、「どのいましめですか」。イエスは言われた、「『殺すな、姦淫するな、盗むな、偽証を立てるな、父と母とを敬え』。また『自分を愛するように、あなたの隣り人を愛せよ』」。

どうすることが「よい事」かは言えないのである。「よい事」の方向性があるだけだからである。これには宇宙の「生命化」の方向、つまり生命原理の極致としての絶対的〈愛〉、無償の〈愛〉の方向があるだけである。それが創造主たるただひとりの「よいかた」であり、我々は「よいかた」の立場に立ってみる以外にないのである。そこからおのずと「よい事」が割り出されてくるのであり、「よい事」つまり形ある善行を通じて「よいかた」に至るのではない。「命に入る」とは宇宙的生命に同化するということであろう。しかしそれでもなお強いて、「よい事」とは何かを尋ねられるならば、イエスとしては旧約のいましめを挙げるよりほかなかったのである。

これは〈悪〉についても同様である。「どのようなことを避ければ地獄に落ちないで済むでしょうか」と尋ねられても、それは問題のレベルがイエスとは少し違うのであって、それもやはり、生みの親であるただひとりの「よいかた」の立場に立ってみるという想像力を働かせる以外にないのである。すなわち宇宙意志と一体化してみるという想像力である（これは想像力であって「神秘的合一」などではない）。もし心をひそめ、その意志を聞くことができたとして、神にやむにやまれぬ事情があって、この私に犠牲となる役割を振り当てざるを得ないのだとしたら、私はそれを甘受するのが〈善〉である。現にイエスは、そのように解釈して十字架にかかられたと考えられるのである。

人は私が何か格別に宗教家ぶったことを言っていると思うだろうか。そうではないのである。この宇宙現実を物質や機械でなく、一つの生命として捉えるならば、生命とは一つの時空的連続体なのだから、私と〈神〉はつながっている、しかも機械のようにつながっているのではなく、〈愛〉によってつながっている、ということを言っているのである。これは人間的・「人間学」的事実であって、それ以上でも以下でもないのである。もっとも〈愛〉という心の働きを全く認めることができず、あくまでそれは〈欲望〉の美名にすぎないと言い張るなら話はまったく別であり、最初の前提の選択の問題、つまり振り出しに戻らねばならない。

8　宇宙的〈愛〉を象《かたど》るものとしての性愛

母親の愛――二つの解釈

究極の〈愛〉とはなんであるか。これを我々は、一方的に与え尽くし一切見返りを求めない巨大な力と定義してよいかと思う。そんなものがどこにあるか。どこにあるわけでもない。けれども我々はそういうものを想定し、これにあこがれることはできる。宇宙発生の原因でありかつ我々自身の根源であるものに、また我々自身の解脱の極限に、そういう〈愛〉を想定し、これに無限の思いを寄せることはできる。こういうことに事実などというものはない。生きる人間の合理的な解釈の選択があるだけである。たとえばこんな思考実験をしてみることができる。

　幼い子どもが焼けた鉄棒の端に手を触れようとした。反対側にいた母親がとっさに棒のこちら側をつかんで引き、子どもを救ったが自分は大やけどをした。長ずるに従ってその子の心には、母親のそのやけどが、母の愛でありかつ神の愛のしるしとして深く刻まれることになった。これが母親の行為の一つの解釈である。もう一つの解釈は、母親がとっさに棒を引いたのは、本能（あるいは「利己的遺伝子」）によるものであり、こんな本能はごく下等な動物にも見られる機械的反射なのだから、別に感謝する必要もなく、神の愛などと変な宗教を持ち出してくれるな、というものである。

　これはどちらが正しいとか事実だとかいうことではない。いずれも解釈であり解釈としては全く対等である。ただ後者の解釈が、人間を機械の発展したものにすぎないと見るのに対して、前者の解釈は、機械的本能を否定するのではないが、それをより大きな宇宙解釈の中に位置付けて理解しようとするのである。後者からは〈心〉が排除されているが、前者は〈心〉という最も重要な人間的事実を土台にしている。後者からは人間の向かうべき方向性つまり倫理がまったく除外されているが、前者の解釈には倫理が含まれている。これを一言でいえば、なんと罰当たりな解釈をするか、ということである。この最も基本的な人間的感情を、「科学」の名において無視し嘲笑するのは明らかに馬鹿げている。〈愛〉など〈欲望〉の美名にすぎぬなどという解釈は、おのれの精神の貧しさを告白するだけの、わらうべき解釈にすぎない。

解きがたい謎

ところでここに最も扱いにくく、最も人が避けて触れたがらない〈愛〉がある。それは何か。性愛である。〈愛〉というものがその本来の高みから引きずりおろされ、最も軽蔑され冷笑されるに至ったのは、この性愛のためであったと言ってもよいだろう。隣人愛や博愛や親子の愛を声高に称揚する人も、性愛にだけは冷たい目を向ける。男女の性愛――私はこの言葉を恋愛とも夫婦愛とも、単なる性欲とも分けて用いる――についてだけは、不倫や好色を非難する以外は、まず触れようとしない。あたかも性愛は〈愛〉の内に入らないかのごとくである。ここには人類始まって以来の最も深い、最も解きがたい謎が隠されていると言ってよいのである。私はこれを「人間学」の最も秘められた、その意味の解明が最も後まで残されるであろう問題ではないかと考える。つまり人間が自分自身の性《セックス》について知るようになるには、人間の平均的霊的向上のための、かなり長い時間を今後要するのではなかろうかということである。もちろん、そんなことを言う私が何かを知っているわけでは決してない。

だから、ここまでは我々に言える、あるいは言えると思えるところから、この性という神秘に迫るよりほかないのである。まず人間の性は、動物以下の性（植物にも性がある）とは違うと言わなければならない。全く違うのではなく、動物以下の性の持たない意味のレベルを人間のそれは持っているということである。ここでも冷笑的近代人の好きな「下からの」解釈、下位レベルへの還元は許されないのである。単刀直入にいえば、我々人間の性は〈神〉の創造行為を追体験するためのものである。あるいは〈神〉の創造に参加するという意味を持ったものである。本来そういうものとして意図されたものと考えて差し支えないであろう。ところがその意味が忘れられ、その挙句には、性は欲望の満足のために存在し、繁殖はあまり歓迎しない付録としてついてくるという、人間としての主体性を全く忘れた行為にまで堕落してしまったのである。脱自つまり宇宙の神秘への参加を意味する「エクスタシー」という言葉が、ポルノ雑誌やポルノ劇場に用いられるという事実一つを見ても、思い半ばに過ぎるものがあるであろう。性愛そのものが堕落したのではない、性愛の意味を見失ったのである、そのために性愛が堕落したのだと考えるべきだろう。T・S・エリオットにこんな詩行がある——。

我々はその体験をしたのだが意味を捉え損ねたのだ、
そしてその意味へ近づくことが、その経験を違った形でよみがえらせる。(7)

人は普通こういう話題をいやらしいとして避けたがる。しかし性愛は人類の抱える最も深い謎と言わねばならない。何ゆえに同じ一つの行為が、最も崇高な神の創造行為への参加にもなりえ、最も陋劣《ろうれつ》な、殺人以上の犯罪にもなりうるかという、この問題を避けて通るわけにいかないのである。善悪闘争の戦場は人の心であると先に言った。善悪闘争の最も熾烈な戦闘の場は、人間の性愛であると言わねばならないだろう。性愛の場は、一人の人間の心によって作られるのでなく、一組の男女の心によって作られる。従って二つの心はまず完全に調和していなければならない。しかもその調和は、「意味を捉え損ねた」低いレベルの調和でなく、本来の意味へ向かっての高い調和でなければならない。（「調和」という言葉はまさにこの一事のためにあると言ってもよいだろう）。この二つの条件が満たされていなければ人間の性愛は完全ではないだろう。私は説教などしているのではない。当然そうなるはずだと言っているのである。

神と悪魔の闘争の場

男女の性愛は、宇宙的〈愛〉、生命原理の究極としての〈愛〉の中心をなすもので本来あるはずである。言い換えれば、生命創造の〈神〉と一体化し、〈神〉の生命創造に参加すべく意図されたものと考えられる。これは隣人愛や博愛や、親子や兄弟間の愛の比ではない。比較を絶して重要な意味を持つものでなければならない。ところが現実には、人間の性愛は神と悪魔の闘争の場として存在する（これを単なる比喩ととるか現実ととるかはその人次第である）。なぜなら我々はそこから、自己中心的な欲望充足という要素をどうしても抜き去ることができないからである。

そこで古来、僧侶や修行僧はおおむね独身主義を通してきたのである。彼らは性の神秘的な意味を知っていたであろうが、これが同時にきわめて危険なものであることを知っていたので、これを遠ざけたのであった。これはしかし産湯と一緒に赤子を流す愚に等しいものであった。ニーチェは自分が独身でありながらこれを痛烈に攻撃した。ニーチェほど激しく批判する必要があるのかどうかはともかく、僧侶による結婚生活や家庭生活への蔑視が、唯物論者による性の蔑視と結びついて、性愛を徹底的に貶める風潮を生んだことは否定できないだろう。偉いお坊様のまねのできない凡夫が恥ずかしながら結婚するという愚かな劣等意識を作ったのは誰か、ニーチェならずともこれを誰しも糾弾したくなるであろう。「生が生に対して復讐する」（ニーチェ）ような不健全を、少なくとも精神的指導者が助長してはならないのである。しかし「生が生に対して復讐する」と言えば、対極にいる唯物論者の性の物的解釈、家庭秩序への反抗、性倫理の蔑視がまさにそれであろう。

しかし何と我々の世界は〈復讐〉に満ち充ちていることだろう。愛への、生命への、神への、宗教への、倫理道徳への、秩序への、高貴なものへの、すぐれたものへの、健全さへの〈復讐〉あるいは〈悪意〉に満ち充ちているではないか。すべてこれらは、卑小な人間の人間至上主義、人間が人間以上の存在を認めることができない思い上がりの自家中毒からくるのである。人間はそういったすべてのものに向かって開かれた存在であるのに、閉ざされていると思い込んだ人間が、勝手にこしらえた檻《おり》の中で暴れ回って自分を傷つけているのである。あたかも栄達の道を閉ざされていると勝手に思い込んだ人間が、〈栄達〉という概念に呪詛《じゅそ》を浴びせるようなものである。

正しい性愛の解釈

正しい人間解釈がなければならないように、正しい性愛の解釈がなければならない。これについても事実などというものはない。シモの話だからシモから解釈するのが当然だろう、などと愚かなことだけは言わないでほしい。性愛は〈愛〉の中心的地位を占める、とそう解釈しなければならない。そんなことを言えば、ただちにこう反論されることだろう、「博愛や兄弟愛は、たとえば慈善事業として世界の人々を救うことができる。それに比して性愛などという男女の密室での満足が、よしいかに理想的なものであろうと、いったい何の意味を持つのだ」。しかしこれは、世界を内面からでなく、もっぱら外面から捉えることによって生ずる〈愛〉の意味付けにすぎない。

いったい神の愛とはなんであったか。究極の愛とはなんであったか。先に試みた定義をやや修正して言うなら、それは一切を与え尽くし、与え尽くす喜び以外には、相手からなんの見返りをも求めることのない巨大なエネルギーだと言ってよかろう。これが「ビッグ・バン」に先立つと考えるべきおおもとの創造エネルギーである。この創造の喜びを再現すべきものとして与えられているのが性愛であると解釈すべきである。そこでは、与える喜びと与えられる喜びが絶対に分けられない、一つのものとして、自と他の区別のつけられない「脱自」体験として、宇宙創造と宇宙的〈愛〉の構造の一身（二身にして一身）への集約として、体験されるべく意図されていると解釈すべきである。

少なくとも性愛は我々に与えられた課題として存在する。その本来の意味を、人類が時間をかけて学ぶべきものとして存在する。我々は自分自身について本当のことが何一つわかっている訳ではない。事実を握っている訳ではない。事実はかくかくであるのにそうでないかのように解釈したがる、などと言うことはできないのである。

「脱自」（エクスタシー）とか「忘我」の境地などと言えば、そんなことは最低のポルノ雑誌にも書いてあると嘲笑する人があるかもしれない。いかにもそうかもしれない。しかしポルノ雑誌が性愛を、頭の上のちょん切れた純粋に人間内部のこととして理解するのに対して、我々はこれを人間のことでありながら〈神〉に向かって開かれた、〈神〉へのアプローチとして理解するのである。そこには事実の差はない、ただ解釈の差だけがある。そして解釈の差が「その経験を違った形でよみがえらせ」、我々の生き方に決定的な、文字通りの雲泥の差を生ぜしめるのである。先に読者の思考実験に供した母と子のやけどの例を想起されたい。我々に先んじて事実があるのではない、我々の解釈が我々の生きる世界を作るのである。

先に私は「調和」とはまさにこのことのためにある言葉だと言った。それは男と女、というより男性性と女性性の調和であり、一体となった男女を通じての心と身体の調和であり、そのように一体となった男女と宇宙との調和である。これはまさに「神秘的合一」（**unio mystica, mystic union**）というべきものであり、もはやそこには私の喜びでもなく、あなたの喜びでもなく、ただ〈神〉の喜びのみがあるとして体験すべく意図されたものと解釈すべきなのである。従ってここには「神聖」と「宇宙的秩序」の概念が入ってこざるをえない（**holism** は「完全」をも「神聖」をも含意するものであったことを想起せよ）。すなわちそれは乱れてはならないものである。性倫理は与えられたものとして存在する。

そしてそれがひと度そのようなものとして意識されるならば、それは直ちに、秩序ある神聖な場所としての〈家庭〉という概念を必然的なものにするだろう。一つ一つの家庭が宇宙秩序を象《かたど》るとともに、宇宙秩序を支えるのである。そこから倫理的責任という意識と概念が生ずる。一つ一つの家庭が、それぞれ扇のかなめのように宇宙秩序を支えるのである。家庭制度ではない、家庭秩序があるのである。家庭制度は家庭秩序を追認したものにすぎない。

そう考えるならば、人類愛や兄弟愛や親子の愛すら、正しい男女の性愛に先立ってあるのではない。核心（根本）より先に周辺物があるのではない。神など愛しても餓えた人々、苦しむ人々にはなんの影響もないにもかかわらず、なぜイエスは隣人愛より神への愛を優先させたのか。それは根本を忘れて枝葉の配慮をすることが無効だからである。家庭の秩序調和というかなめがあってはじめて世界の秩序調和が可能となる。これは宇宙をモノとして外からでなく、心として内から見ることが要請する論理的帰結である。中国の古典である『大学』にいう「格物致知、誠意、正心、修身、斉家、治国、平天下」の順序の意味もここにある。まず宇宙の原理を究め、心の方向（倫理的方向）のあることを認識し、心を真っすぐに持ち（邪心を払い）、わが身一身の行いを正し、秩序ある家庭を築き、しかる後、国を治め、世界平和を実現できるのである。

この考え方はむろん、男女の別が「進化」の途上で生じたなどという説をタワゴトとして一蹴する。心あるいは生命＝意識が最初からあったように、女性性と男性性、メスとオス、すなわち陰陽は最初からあったと考えなければならない。惹かれあう男性・女性原理があるから〈愛〉が可能なのである。かりにもっぱら生物の内部に、おのれの子孫を増やしたいという「利己的」欲望が生じたとして、それを実現するために、オスとメスに分裂し、交合したいという欲望をつくり出し、交合させ、メスが子を産む、などという面倒な手続きをなぜ考え出すのか。男女の別は「ビッグ・バン」より先に存在したのである。

9　根源に立つ者の責任感と誇り——家庭の〈イデア〉

親の愛・神の愛

「救われる」とはどういうことか。おのれ一個を抜け出したときに「救われる」のである。これは人間の本心の単なる事実であって説教などではない。本心とはもともとそのように出来ている人の心のことである。もともと人の心は能動的・〈小我〉脱出的に出来ているのであって、心がそれに逆らう動きをしたときには気分が悪いのである。すなわち受動的・〈小我〉墨守的になったときどこか不安になるのである。自分だけが「救われる」こと、一方的に愛されること、「温室の中の幸せ」といったことは、それが必要な幼児期を除けば、我々を真に幸福にすることがないのはそのためである。我々の本心が利己的だなどというエセ知識人の知ったかぶりに乗せられてはなるまい。利己的とは〈小我〉を利することであるから、利己的満足が長続きすることはない。〈愛〉など欲望の美名にすぎぬとか、〈慈悲〉など利己主義の仮面にすぎぬなどというのは、唯物論者がおのれの貧しさを外へ投影した解釈にすぎない。

ここでもう一度、最初からの我々の議論の復習をするなら、生命としての宇宙の歴史展開そのものが物質原理から生命原理へ、「生命化」の方向へと向かっているのである。物質原理とは〈小我〉の原理といってもよく、生命原理は〈大我〉の原理、〈全体〉の原理、〈愛〉の原理といってもよい。その宇宙歴史の最後に現れた人間は、そこで完成したのでなく、何かに向かうべき存在、ヴェクトル的存在である。すなわち、その本心があるものの方へ無限に惹きつけられる存在である。その方向にあるのは、一方的に与え尽くし一切見返りを求めない、そしてまさにそのことが強烈な喜びであるような〈愛〉である。

そんなものは頭で考えた理想にすぎないなどと言ってはいけない。我々はそういうものを知っているではないか。親の愛、特に母親の愛がまさにそれである。先に思考実験に供したような母の愛には二つの解釈がありうると言った。すなわちこれを、母の愛でありかつ神の愛として「上から」解釈するか、それともこれを、もとを正せば利己主義からきているとして「下から」解釈するか、二者択一の解釈であった。選択は自由である。とはいえ、「下からの」解釈のいかに不合理で、自己閉鎖的で、自己冒瀆《ぼうとく》的であるかを認めないわけにはいかないだろう。結局それは「人間は最も発達した物質的存在であり、物質世界発展の特出した産物である」と主張する「主体思想《チュチェ》」と同じである。物質原理の排他性や自己主張から〈愛〉が生ずるなどというのは、物質から心や生命が湧いて出ると信ずるのと同じことで、これは唯物論者にしか通用せぬタワゴトである。

とすれば、親の愛は「上から」解釈するよりほかはない。親の愛は神からきたものであり、神につながるものであり、神の愛の人間への投射であり、形象化である――。表現は無数にありうる。もし神と親とのそのような並行関係が成り立つものとすれば、絶対的に無償の親の愛が可能なのは、自分の産んだ子に対してなのだから、我々の向かう極限に想定される神の無償の愛も、その神の産んだ子に対するものだと考えなければならない。ここに宗教家の言う神と人間の血のつながりということが考えられ、「神の子」という言い方が単なる比喩ではないということになるのである。

与え合う愛、与え尽くす愛

そこで「神の愛」の中には、少なくとも二つの〈愛〉の原型（イデア）が含まれていることになる。一つは、互いに与え合うことによって一体としての喜びを得る男女の愛、もう一つは、一方的に与え尽くすことが喜びである親の愛である。前者は生み増やす（創造する）ことを伴う愛であるが、後者は生んだもの（創造されたもの）に注ぐ愛である。いずれにしてもそこでは、〈おのれ一個〉というもの、〈小我〉というものが存立する余地がないのである。宇宙の根源、創造の根源には〈おのれ〉というもののない完全な愛のみがあるのである。そして更に一歩を進めて言えば、ここには一組の男女の愛とその愛から生まれる子、その子に注がれる両親の愛という、あるべき家庭の姿、すなわち家庭の原型（イデア）が含まれていると言うべきである。そのように考えれば、先にも述べたように、家庭は宇宙秩序であって制度などではない、人為的なものではない。この神聖なものを壊すことはできない。人間倫理の愛と峻厳《しゅんげん》は、家庭秩序の愛と峻厳から出発するのである。一つひとつの家庭は、宇宙秩序を支えるかなめとして、一身に責任を負うものとして存在する。宇宙秩序は絶対的な愛という、ある意味で恐ろしいものを核としているのである。しかしその責任を負うことが、人間としての誇りでなければならないのである。

　この恐ろしい愛の秩序に耐え切れぬ人間が、愛をメロドラマやポルノのレベルにまで引きおろし、これを小ばかにするのである。あるいは「理論」などという小賢しいものを構築してもてあそび、世を惑わすのである。人間以上のものを認めぬ人間の考える「理論」など長続きするものではない。〈神〉の側、天の側、創造者の立場に立ってみるだけの想像力をもたぬ人間からは、人を動かすいかなる言葉も行動も生まれはしない。心を清澄にして周囲で発せられる言葉や行動を観察するならば、そのことがいかに真実であるかがわかるであろう。

　我々の本心は、いかに尻込みしようと、この根源的〈愛〉の方に向かっているときにのみ安心するのである。いかに犠牲を強いられようと、この根源的〈愛〉の方向へ向かっている限り力が湧くのである。なぜなら我々は、自己を失うのでなく自己を得る方向へ向かって進んでいるからである。我々は成長の止まった存在ではない。人は成長といえば、経済成長とか科学技術の成長しかないと思っている。我々は自己を知るための道を歩いているのである。我々は自分自身の性《セックス》がどういうものかを知らないために、扱いに困って持て余しているではないか。同様に、結婚の意味も、家庭の意味も知らないではないか。何ゆえに、倫理・道徳といえば、性倫理・性道徳ということが一番はじめに考えられ、政治倫理や企業倫理や公衆道徳は後からくるのであろうか。

性倫理・性道徳が倫理・道徳の根幹であるのは、男女の性から生まれる家庭というものが、宇宙的〈愛〉と秩序の集約点であり原点だからである。すなわち家庭が神聖なものだからである。人は私の言うことに反発するだろうか。もしそうだとしたら、それは家庭の絶対性を疑い、これを相対化しようとする伝統的左翼「理論」が頭のどこかに入っているからに違いない。我々の本心は家庭を神聖なものと感ずるように出来ているのである。

与え合うことによって〈おのれ〉をなくする〈愛〉と、一方的に与え尽くすことによって〈おのれ〉をなくする〈愛〉という二つの究極の〈愛〉を核として成り立つ家庭――これはむろん、宇宙的原型すなわち〈イデア〉として存在するのである。現実の家庭がそうだというのではない。しかし現実の家庭はこの家庭の〈イデア〉を通してのみ家庭たりうるのである。この〈イデア〉にあずかる（分有する）ことのない家庭は、家庭と呼ぶことはできない。ということは言い換えれば、我々の作る家庭はすべて、この宇宙的原型を目指すべきものとして作られるということである。我々は目指すべき明瞭な方向を与えられて家庭を築くのである。我々は家庭を実現しているのではない。家庭を実現すべく努力すべき存在として、課題を与えられて生きているのである。なぜなら本来の家庭の実現が、「君子は本《もと》を務《つと》む、本立ちて道生ず」（論語）と孔子が言ったときの、「本」に当たるであろうからである。

「本」が立つということは、宇宙創造の根本原理を踏まえるということである。それは別に難しいことではない。想像力の問題である。親としての創造者の立場に立ってみるということである。親が子に何を完成すべく託したかを考えてみるということである。そのときはじめて、人間としての責任が、責任を負うことの誇りとして自覚されるのである。そのときはじめて、いかに生きるべきかという普遍的倫理が、自然に、自動的に人の心の中に生まれてくると言うことができる。そのときはじめて、人は「心の欲する所に従って矩《のり》を踰《こ》えず」（論語）という自在の境地に立つのである。これをカントの言葉でいえば、「君の行為の格律〔つまり行動方針〕が君の意志によって、あたかも普遍的自然法則となるかのように行為せよ」（『道徳形而上学原論』）ということになるであろう。カントはまた、人間の崇高や尊厳は、彼が単に道徳的法則に屈従するのでなく、「ほかならぬその道徳的法則に関して同時に立法する者であり、それ故にこそ件の法則に随順している」（同上）ところからくる、とも言っている[8]。いずれにせよ、我々を生み、我々に立法の責任を託した〈愛〉の根源としての創造者というものに、自らを重ね合わせてみるという能動的想像力なくして、我々の生きるべき「道」は見えてこない。のみならず真の意味で「救われる」ということもないのである。

10　能動的想像力と永遠の生命

私は何かむつかしいことを言っているように聞こえるかもしれないが、決してそうではない。わかりやすく言えばこういうことである。最近、家庭内暴力と言われて、親に暴力を振るい殺害さえするケースがあるのは周知のとおりだが、そういった少年の一人が、「利己的快楽のために勝手にセックスしやがって、このオレを生みやがって」と言ったという。この少年の両親の利己的性行動がそれを招いたのである。私の言うのは、我々がこの少年のように言ってはならないということである。性の本質をそういうものと解釈してはならないし、またそう解釈はできないと言っているのである。性愛の本質は宇宙創造につながっている。その宇宙的性愛が、利己的快楽から発しているなどということは、とうてい考えることはできないのである。もしかりに性の「原型」がそういうものであるとしたら、我々はすべて被害者として生まれてきたことになる。そのときには親殺しも神殺しも正当化されなければならない。

我々の本心は、決して自分の両親の性をそんなふうに理解してはいない。ところが人間の性をそんなふうに理解しようではないかという思想がある。それが性を「下から」解釈する無神論であり、「物質原理」に立つ唯物論である。これが「理論」としての体裁を取っているがために、実はあの不幸な親殺し少年のせりふと同じ思想だということに、人は気づかないのである。この無神論的思想を、知ってか知らずしてか、ばらまくのはエセ知識人であり、マスコミであり、それを支持する社会全体である。そしてそれが両親の性を醜い利己的欲望としか解釈できない風潮を作り出しているのである。

我々の本心が知っている不思議な事実がさらにある。それは我々の両親が一対一の健全な夫婦関係を貫き、我々に幸福な顔を見せてくれる限り、彼らの性が実際はどうかなどということが全く気にならないということである。我々の本心は、健全な家庭（家庭の〈イデア〉にあずかる家庭）が性を神聖なものにすることを知っている。親に暴行を加えたり殺害したりするほどになるのは、両親の自己中心的な離婚や不倫を見せつけられているか、さもなければ性の本質の誤った解釈、すなわち誤った人間解釈によって、よほど完全に「洗脳」されているか、どちらかであろう。

親に対する呪詛は神に対する呪詛である。ひとたび我々が性をあやまって解釈するなら、我々は「このオレを勝手に創りやがった」神を呪うよりほかはない。さもなくば人間を「原始スープ」（というタメ便所！）からメタンガスのように発生した醜い動物と取るか、いずれかを取らねばならない。そしてこの二つの解釈は一つに収斂《しゅうれん》するのである。現にマルクスの若い頃の詩の中に、神を呪い神に復讐を誓う詩がある。マルクス主義はもともと神に対する復讐を動機とするものである。神の否定（唯物論）はあとからやってきたものである。

創造者の立場に立つ

神を呪うことにも神を否定することにも共通するのは、甘えという態度であろう。無神論というと、自分以外誰をも恃《たの》まぬ、自立心の強い生き方のようにみえるが、その底には「このオレをどうしてくれるんだ」という、恨みとも甘えとも言える感情が必ずひそんでいる。いわゆる「ニヒル」

（ニヒリズム）の悲壮感は甘えと表裏をなしたものである。この唾棄すべき思想から生まれるものがどういうものか考えてみるがよい。「このオレのセックスをどうしてくれるんだ！」――これは性欲という牢獄に永久に閉じ込められた奴隷の吐くせりふではないか。勢い彼らは、性道徳を権力者の考え出した抑圧の手段と解釈して「自由」を要求するのである。少なくともこのような精神の持ち主の推進する「性教育」に、我々の子どもをさらすわけにはいかないだろう。反抗や傲慢の裏にはかならず甘えがひそんでいる。我々が左翼的反逆思想（マルクス主義的フェミニズムはその一例である）を嫌悪するのは、その反逆に対してでなく、そこに甘えを嗅ぎ取るからである。

なぜ我々は恨みや甘えの感情を嫌悪するのか。それは完全に受身の姿勢だからである。発展性や生産性がないからである。自己を超える契機がそこには全くないからである。我々が本当に「救われる」のは、救ってもらうからでなく、努力して自己中心性を脱け出すからである。自己中心性を脱け出すということは創造者の立場に立つということであり、自分を含めた全体に対する責任を引き受けるということである。全体に対する責任を引き受けるということは、無限の親の〈愛〉の立場におのれを立たせるということである。むろんそれはそこへ向かう努力ということであって、容易に達成できるわけではない。けれども、ともかく我々には方向性が与えられているのであり、そのことが無上の生きる喜びでなければならないのである。

〈おのれ一個〉を脱ぎ捨てる努力をすることによって与え尽くす愛に近づく――その能動性によってしか幸福にいたることはできない。しかしその能動性はおのれから発するものではない。おのれを超えたところからくるのである。自力・他力という言葉を使うなら、自力によってでもなく、他力によってでもなく、自力と他力が一体をなすところに立つことによってしか救われることはない。「救われる」とは本来の自分自身を実現する喜びを得るという意味でなければならない。

ニーチェは、受動性というものが人間を腐らせるものであること、能動性だけが人間を健康にするものであることをよく知っていた。彼の思想の中心は能動的受苦ということであり、彼はこれを「運命愛《アモール・ファーティ》」という言葉で表現した。しかし彼の能動性は、向かうところも根源もない虚無的能動性であり、ただおのれだけを恃みとする「超人」にのみ可能なものであった。我々は運命を恨むだけの奴隷であってはならないが、さりとて超人になることもできない。奴隷でもなく超人でもない普通の人間として、いかに生きるかを決めなければならないのである。いずれにせよ我々の時代は、いかなる形にせよ、虚無主義というようなものが説得力をもちうる時代ではないのである。

死後の生

生命の根源に立つという能動的想像力は、「死んだらどうなるのだろう」というような問いを、やや的外れなものにしてしまう。「死んだらどうなる」というのは「このオレをどうしてくれるんだ」という受動的恨みがましさを含んだ言い方である。だから我々の気懸かりは、「死んだらどうなるか」ではなくて、「死んでからもおのれを超える努力は続けられるのか」ということでなければならないだろう。なぜなら、我々がこの世で自分に課した「与え尽くす愛」に近づく努力が、この世で終わりになってもよいと思うのなら、始めからそんな努力をしないほうがよいのであり、そんな努力をしないということは、そもそも人間として生きるのを放棄するということだからである。その限りで我々は、「あの世でゆっくり休む」などということを、自分にも人にも願ってはならないだろう。「あの世でゆっくりお休みください」というのは、「この世のくだらぬ努力をあの世まで持ち越されませぬように」ということでなければなるまい。

もともと我々の出発点は、物質でなく生命をこの宇宙現実の存在論的基底として考えるという仮説であった。ひとたびこの仮説の上に立つならば、生命は時間的・空間的連続体であると同時に、時間・空間を超えたものでなければならない。論証してきたように、我々の一人ひとりは宇宙生命を引き受けて生きているのであるから、というよりここまで「生命化」した宇宙生命そのものなのであるから、我々が死ぬということはないはずである。つまり生命の受け皿である肉体はなくなっても、我々がなくなることはないはずである。もし我々が肉体の死とともに存在をやめるのだとしたら、神（生命そのものとしての）はこの世の生命体の上を次々と渡り歩いて、おのれの延命をはかっている「利己的遺伝子」ならぬ利己的神だという笑い話になってしまうだろう。

もしかりに、死後も存在しつづけるとしても——地獄へ落ちることはとりあえずまぬがれたと仮定して——そこでゆっくり休ませてもらえるだけだとしたら、これほど不合理にして残酷な話はないことになろう。なぜなら、もし我々が地上で目指したものが億万長者になることだとか、青史に名をタレるといったことであったとしたら、死後そんなことは忘れてゆっくり眠るに越したことはない。けれども我々の目指したものが、この世もあの世も、生も死も、人も神も超えた絶対的価値である〈愛〉だとしたら、我々は永遠に努力を続けなければならず、またそこにしか我々が幸福にいたる道はないからである。我々は永久に生かしてもらえるのではない、永久に生きなければならないのである。

11　心理学からのサポート——至高体験

自己を超えた地平

これまで述べてきたことは単純な一事である。すなわち、我々の生きる宇宙はこれを生命＝意識（life-mind）として捉える限り、方向性を持っているということ、従ってその最先端としての我々には方向性が与えられているということ、そしてその方向性に沿って生きるのが人間としての本来の幸福にいたる生き方だということである。人間存在とは行き場がないとか完成したといった存在ではなく、無限に未来に向かって開かれた存在であり、開発途上の存在だということである。言い換えれば、人間とはいまだ自分が何であるかを知らない存在だと言ってよいのである。

このことを実証的にサポートしてくれる心理学者がいる。一九〇八年に生まれ、一九七〇年に亡くなった、「至高体験」（peak-experience）の研究者として知られるアメリカの心理学者Ａ・Ｈ・マスロー（Abraham Harold Maslow）である。マスローの名は、コリン・ウィルソンが彼を紹介した『至高体験』という書物を通じてよりよく知られているかもしれない。「至高体験」とは、至福体験とも神秘体験とも言い換えられるであろう誰にでも起こり得る体験のことである。マスローの功績はこの種の体験を、宗教や神秘主義の領域に限定された事実としてでなく、ごく普通の心理学的事実として見ようとしたことであると思われる。それは我々が、我々に対して通常は閉ざされている高い精神的境地に、ほんの短い時間、立つ経験だといってよいだろう。これはコリン・ウィルソンが好んで引用するW・B・イェイツの詩によって例証するのがよいと思われる。

私の五十歳の年がやってきて過ぎていった。
ロンドンの混み合うコーヒー店で
開いた本と空になった茶碗を
大理石のテーブルの上に置いて
たったひとりで私は坐っていた。

店と通りを眺めているうちに
私の体が突然燃え上った――
そして二十分ぐらいかと思われたが

私の幸福があまりに大きなものであったので
私は祝福され、人をも祝福できると思えた。(9)（傍点筆者）

この種の体験は、文学作品にも多くの芸術家や宗教家の体験談にも見られるものであるが、私はこれと並べて、ドストエフスキーの『カラマーゾフの兄弟』の中に出てくる末弟アリョーシャの体験場面を引用したい。亡くなったゾシマ長老の通夜をしていたアリョーシャが僧院の庭に下り立ったとき、突然これが起こる。

……地上の静寂は天上の静寂と合し、地上の神秘は星の神秘と相触れているように思われた。アリョーシャは佇《たたず》みながら眺めていたが、不意に足でも薙《な》がれたように、地上へがばと身を投じた。

彼はなんのために大地を抱擁したか、自分でも知らない。またどういうわけで、大地を残る隈なく接吻したいという、抑え難い欲望を感じたか、自分でもその理由を説明することができなかった。しかし彼は泣きながら接吻した。大地を涙で沾《うるお》した。そして自分は大地を愛する、永久に愛すると夢中になって誓うのであった。……おお、彼は無限の中より輝くこれらの星を見てさえ、感激のあまり泣きたくなった。そうして自分の興奮を恥じようともしなかった。ちょうどこれら無数の神の世界から投げられた糸がいっせいに彼の魂へ集まった思いであり、その魂は〈他界との接触〉にふるえているのであった。彼は一切に対してすべての人を赦し、それと同時に、自分の方からも赦しを乞いたくなった。おお！　それは決して自分のためでなく、一切に対し、すべての人のために赦しを乞うのである。[10]（傍点筆者）

こういった体験をヒステリーだとか精神異常だとか考えては、人間というものを捉え損なうことになる。これは通常は閉ざされている高い精神世界（高い価値と意味の世界）が、突如として開かれたということである。人間とはこのように、より高い世界へと自己を超えるべく方向付けられた存在であると考えるべきであろう。ただきっかけがなければ、その機会が見つけられないということである。マスローは、こういった「至高体験」の性格として「客観的」ということを強調する。「客観的」とは、自分の内部で起こる全く主観的な出来事でありながら、自分自身を超えた地平に立つということ、これを自分のものではないと感ずるということである。「人は至高体験の最中やそのあとでは、幸福と幸運にめぐまれ、恩寵《おんちょう》にあずかったとの感をいだくのが特徴である。『私はこれに値しない』というのが共通した反応である」「至高体験においては、驚嘆、畏敬、尊敬、謙遜、畏服のような感情、さらにはその経験の偉大さに対する崇拝さえあることが報告されている」[11]。こういった体験をどう解釈すべきであろうか。私はこれを、本書が最初から取ってきた仮説によって、すなわち、この宇宙の発展を、人間を通じて人間を超えた「宇宙意識」が目覚めていく過程と解釈するなら、きわめてわかりやすいと思うのである。これが（マスローも体験者の特徴としてあげている）責任感――人間としての責任感――の出所であるとして解釈することができる。つまり、私は私でありながら、私でないものを担っているという感覚である。

歓喜の体験

ところで私がイェイツとドストエフスキーの例を並べて引用したのは、その類似性のためである。イェイツが「私は祝福され、人をも祝福できると思えた」と言い、ドストエフスキーが「一切に対してすべての人を赦すことができ、自分からも赦しを乞いたくなる」と言っていることに注意されたい。「祝福し祝福される」も「赦し赦される」も自己中心的障害の完全に克服された境位である。のみならずそこに共通するものを認めることができる。この至福感（幸福感ではなかろう）とはおそらく、包まれかつ包むといった、与える喜びと受ける喜びの見分けがつかなくなった、根源者の〈愛〉の強烈な喜びの体験なのである。しかもこれはある種の、創造者に近い権能を与えられたような感じなのではあるまいか。むろんこれを体験しない者は想像するよりほかないが、こういう高度な精神世界が実在すると考えるべきである。現に、自分の体験した世界の実在性を全く疑わぬのが、体験者に共通の特徴であるらしい。「それはあまりにも偉大な経験であるので、その正当なゆえんを証明しようとすれば、かえってその尊厳と価値をうばうことになるほどである」[12]。心理学的に考えれば、これは〈おのれ〉というものの圧力が弱まったところへ流れ込む、おのれを超えた実在だと言ってよいのだろう。シモーヌ・ヴェーユはこれを恩寵の流れ込む恩寵による「真空状態」であると言い（『重力と恩寵』）、道元禅師はこれを「身心脱落《しんじんだつらく》」と言ったのである。この驚きと発見の感動には通常、多量の涙が伴うものであるらしいことを、私自身も何人かの体験者から聞いている。

むろん私はこういう体験が必要だと言っているのではない。我々が今までに考察してきた人間的・「人間学」的事実、すなわち本来の人間に備わっている根本的事実が、実証心理学の側からも支持されうるものだと言っているのである。人間とは常に自己を超えて自己を実現すべく意図された存在だということである。現に、マスロー心理学のキーワードが「自己実現」であり、「価値」「宗教性」「健康」「感謝」「愛」「生きる喜び」「創造性」「完全性」等々である。

……宗教の核心をなす経験をもたないというのは、私たちが「十分にその機能を発揮して」いない、最善を尽くしていない、十分に人間となっていない、十分に統合されていないという、「低次の」劣った状態であるかもしれない。私たちが健康そのもので「人間存在」の概念をあますところなく実現している場合には、超越の経験といっても、それは原則上あたりまえのこととなるはずである。(13)（傍点原文）

至高体験の意味

私の読書体験や見聞から判断するかぎり、このような体験は、精神的に苦しみ抜いたあとや、肉体的な危機を乗り切ったとき（たとえば病気の回復期や出産のあと）など、極限状態を乗り越えたときに特に起こりやすいもののようである。いずれにせよ何の努力も苦しみもないところで、タナボタ式に起こるものではない。常に探求の姿勢を持つ者、求道者的人間、常に「おのれと戦う」者（イェイツもドストエフスキーもそういうタイプであった）に起こるのである。神秘家はもちろんだが、その名に値する詩人や芸術家、宗教家、哲学者で、何らかのこの体験を持たない人はむしろまれではないかと思われる。科学者でもそうではないかと思う。このことは重要な意味を持つものと考えられる。つまり、人間とは苦しむことによって、「おのれとの戦い」によって、より高い段階に達するように、最初から設計された存在だということである。

「至高体験」の重要な意味は、その体験が体験者の人格の〈核〉を作るということである。逆に言えば、そういう場合にのみこの体験が意味を持つと言える。その境地にひとたび立った者は再び元の地平に降りてこようとはしない。もちろん降りてくるではあろうが、〈核〉が一緒に降りてくることはない。これが論語に「君子は和して同ぜず（小人は同じて和せず）」と言われていることの意味である。ひとたび「プラトンの洞窟」の外へ出て戻ってきた者は、もはや元の囚人仲間と同じレベルには立てないのである。

この体験自体に価値があるのでなく、それが人格を高めるきっかけとなる限りにおいてのみ価値があるのである。この体験が正しく解釈されなかったり、そのことのために自分が特別に偉い人物と思い込んだりするだけなら、いっそそんな経験はしないほうがよかったとも言える。一般に神秘体験とか霊的体験と言われるものは決して珍しいものではなかろう。問題は、それがいかに体験者に、この現実よりも高次の現実があることを教え、それが彼あるいは彼女をいかに変えるかである。マザー・テレサは若い頃、汽車の中で、彼女の使命を告げる神の声を聞いたと言われる。それが本物であったか幻であったかなどということは全く問題にならない。それは、その後の彼女の死までの行動によって、いかなる真実よりも真実であったことが証明されるのである。

抑圧する文化

ところがここに、きわめて重要なことがマスローによって指摘されている。それは、この体験を抑圧したり、歪めて解釈しようとする性格構造あるいは世界観があるということ、それがすなわち唯物論だということである。

自己の性格構造（あるいは世界観、または生き方）のために、極端にあるいは完全に、合理的もしくは「唯物論的」または機械論的になろうとせざるをえない人は、誰もがノン・ピーカー（至高体験をしない人）になりがちである。すなわち、このような人生観をもった人は、至高経験や超越的経験を、一種の精神異常、完全な制御喪失、非合理的情動に圧倒された感覚、などと考えがちである。精神異常になるのがこわい人、従って遮二無二、安定、制御、現実といったものにすがりついている人は、至高経験におびえているようであり、それを寄せ付けないようにする傾向がある。……私は非常にこちこちのマルクス主義女史の例を知っているが、彼女は正当な至高経験を否定し――つまり顔をそむけ――結局、そういう経験は起こりはしたのだが、彼女の唯物論的・機械論的人生哲学全体と矛盾するから、忘れてしまうのがよい、特別のしかし些細な事柄だと、レッテルを貼ったのである。私の出合ったノン・ピーカーの中には又、極端に科学的な人々がいた。すなわち十九世紀の科学観を、完全に論理と合理性に支配された、非情動的・反情動的な活動として支持し、論理的・合理的でないものは何であれ、人生において尊敬すべき位置を占めていないと考える人々である(14)。

「至高体験」という特殊な体験が人間に必要なわけではない、と私は言った。この体験そのものに価値があるわけでもない、とも言った。ただ、こういう体験が起こることを妨げるような社会的・文化的条件があってはならない、と言わなければならない。まさにそれが、本書が最初から問題にしてきた文化の唯物論的基底というものである。集団的精神構造の唯物論的前提というものである。表面は大して問題ではないと思われる。表面はどうであれ、集団的意識の深層部に正しい哲学（人間解釈）があれば、この体験は社会的に起こるだろうと推測される。なぜならこれは個人の意識を超えたところに淵源をもつはずだからである。これに対して、たとえ表面で「心の教育」や「情操教育」が行われても、深層構造が唯物論的であれば、この体験は原則的に起こらないと推測される。

それで何か困ることがあるのか――。困ることがあるどころではない。それは一つの文明にとって死活の問題である。なぜなら一つの文明を担うのは、いつの時代でも選ばれた少数者であって大衆ではない。そしてその選ばれた少数者は必ず「至高体験」の持ち主でなければならないからである。一つの高度な文明が存在するための条件は、一般大衆の霊的レベル（この語を曲解しないでほしい）がある水準を保っていること、そしてそこを母体として生まれる少数のエリートが、これをリードしていくということである。そこで、もう一つの面白い事実が指摘されている。それはどんな職業、どんな分野の人が集まっても、二十人に一人の割合で至高体験者がいるということ、そしてどんな世界であれ、一つのグループの指導者的立場に立つのは必ず決まって体験者だというのである。これはごく自然なことであろうと思われる。なぜなら「至高体験」の内容が、自己中心性を脱することからくる歓喜の体験であり、少しでも自己中心性から遠い、無私の人物がグループの中で押し出されるのは当然だからである。

「啓示」とか「天啓」といわれるようなものはもちろん、人間の知恵の先端を切り開いていくような比較的小さな「ひらめき」や「インスピレーション」も、天とパイプの通じたこのような少数のエリートを中心にして起こるだろうことは容易に想像できる。これは宗教的啓示ばかりではない、芸術、科学、数学、技術など、すべての分野において、人間は〈天〉との協力によって新境地を開拓していくのだと考えられる。必死に求めようとする人間に向かって、突然与えられるものがあるのである。「求めよ、さらば与えられん」というのはそういうことと解釈できる。禅の〈悟り〉といわれるものが、突如として起こることが多いと言われるのはなぜだろうか。「啐啄《そったく》同時」と言われて、向こうからやって来るものと、こちらから求めていくものが空中衝突する瞬間があるのである。人間の知識の進歩、あるいは心の発達はすべてそれであろうと推測できる。もっぱら自力によって、「下から」の蓄積のみによって（ダーウィン式に）進歩するということは、何によらずまずないのである。このことは進化＝創造の原理として説明したところである。

文明の発展あるいは人類の進歩とは、そういう稀有な、飛躍的・創造的瞬間をつなぎ合わせたものと考えることができる。そういう「天啓」が起こるのを抑圧したり妨げたりするような文化、すなわち唯物主義的文化は、自ら発展の芽を摘《つ》んでいるのであるから、いずれ滅びるであろうことが予想できる。繰り返して言うが、「至高体験」という特殊なものが必要だというのではない。けれども、それが起こるのを構造的に妨げ、水をさすような文化からは、いわゆる「大人物」も「大指導者」も「大天才」も（大芸術家はいうに及ばず）出てこないであろうことは確かである。そういう人物を生み出すことのできない文化とは、不幸な文化であると言わなければならない。

12　いわゆる「超感覚（世界）」は存在するか

未開発の領域

これまでの我々の仮説的前提からすれば、いわゆる「超感覚（世界）」が存在するかどうかという問題は、通常の好奇心の対象となるような、テレビ番組向きの問題とは全く別の様相を持つものであることが理解されるであろう。我々の仮説は、宇宙の発展——花のように開かれていく本来の意味での evolution——というものを、〈心〉の世界が拡大されていく過程と解釈することであった。つまり花の芯のように可能性として未開であった〈心〉の能力が、次々と現実となって開かれていくというイメージで捉えるべきものであった。これは、胎内のまどろみからかすかに目覚めて、次第に大人の完全な覚醒状態へと向かう新生児の意識にたとえることもできるものであった。あるいはこれを、世界を鏡のように映すと同時に創り出すものでもある「モナド」、つまり〈心〉の単位が、より大きく、より明瞭で性能の高いものへと創り変えられていく過程と考えてもよい。

　この地上にミミズ（のようなもの）しかいなかった時代があったと仮定するなら、この世界はミミズの意識によって捉えられただけの大きさしか持たなかったと言ってよい。ミミズにしてみれば、自分より後から、二つの眼をもち、それによって三次元の世界を切り開いてそこに住む動物が出現してくるとは、思いもよらぬことであった。しかしその動物にしてみれば、言語をもち、それによって抽象的な観念の世界を切り開いてそこに住む人間が出現してくるとは思わなかったであろう。そう考えただけで、〈心〉の世界、すなわち世界そのものが次々と切り開かれ、拡大していることが了解されるだろう。しかしこれは空間的拡大ではなく質的拡大なのだから（宇宙いっぱいに広がるミミズを想定してみればよい）、〈心〉の世界がより明るさを増し、高度になっていくと言えばよいだろう。これはすでに最初から述べてきたことである。

　では我々の捉えている世界が世界の限界で、これ以上は大きくならない、明るくならないのかと言えば、そんなことは言えないというのが自然な考え方だろう。人間には人間の世界把握の未知の領域がある、と考えるのが合理的だと言えるだろう。人間が滅びて人間以上の種《しゅ》が出現すると考えられないわけではない。けれどもそう考えるよりは、人間自身がさらに大きな世界を切り開くように、意図され期待された存在だと考える方が現実的ではなかろうか。そう考えたときに、初めて「超感覚（世界）」の意味がわかってくると言うことができる。

遠隔地の情景を見る能力（千里眼）とか――これは情報技術の発達でその必要がなくなったとはいえ――人の心を読む能力とか、過去や未来の出来事を「見る」能力とか、霊界と通ずる霊通力とか霊眼といったものを「ありえない」として一蹴するのは本来の科学的態度ではない。そういうものがあると主張するのではなく、そういうものの可能性をすら取り込めないような世界観は、世界観の仮説として失格だと言っているのである。我々の仮説からは、人間はすべてそういう能力の潜在的可能性をもっているのだが、それが今のところはごくまれな場合を除いて開発されていないだけで、やがて開発されるべきものであるという想定が自然なものとなる。

いわゆる「至高体験」が感情の世界の未開発領域だとすれば、「超感覚」や「霊能力」は知覚の世界の未開発領域だと言ってよいかもしれない。どちらも高い認識の世界という言い方ができるだろう。いずれにしても、この宇宙の歴史を、花の蕾《つぼみ》が開かれていくように〈心〉が開かれていく過程だとする仮説に立ち、人間がまだ「開発途上」にあるのだと理解するならば、こういったことは〈不思議なこと〉ではなくなるのである。

〈我執〉を超える

しかしここで、大きな留保をつけておかなければならない。「至高体験」そのものに価値があるのでなく、それが人格を高めるきっかけとなる限りにおいてのみ価値があると言ったように、超常能力もそれ自体に価値があるのでなく、それによって、五感だけの小さな世界がすべてでなく、「おのれ」を超えたもっと高く広い世界があるということに、気づかされる限りにおいてのみ、価値があると考えるべきである。人の持たぬ特別の能力を持つがゆえに、自分が人より偉いかのように錯覚し、そればかりかそれによって人を支配しようと思うくらいなら、そんな能力は持たないほうがよいのである。昔からあるこうした能力にまつわる危険や胡散《うさん》臭さはすべてそこからくる。つまり〈我執〉から抜け出すために与えられている能力が、〈我執〉のために使われることがあるのである。

従って、ここでも私はある人々には不快なことを言うかもしれないが、こうした能力を開発するために何かの修行をするということは、邪道というべきであろう。人工的に「至高体験」を起こさせるために薬物を使うというようなことも、同様に有害無益であろう。禅では「只管打坐《しかんたざ》」と言い、ただひたすら坐るのであって、悟りを開くために坐るのではないと言われる。ヴィクトル・フランクルの幸福論を想起されたい。人間の目的は確かに幸福である。しかし幸福を狙って活動しても幸福はやってこない。おのれの幸福など度外視してひたすら他者のために生きているときに、思いがけず自分が幸福であることを発見するのである。

　しかし、こうした能力に危険や胡散臭さが付きまとうからといって、こうした能力そのものを否定したり小ばかにしたりするのは、〈愛〉が自己中心的なものに堕落する危険があるからといって、〈愛〉そのものを否定したり小ばかにするのと同じことである。唯物論の自己閉鎖的考え方を否定するかぎり、人間とは、常に自己の世界の限界を乗り超えようとする存在であるとして考えなければならない。従って、宗教が人間の五感によって捉えられた世界を超えた世界を説くのは、人間の本来もつ生命的・発展的事実を説いているのであって、ありもしない世界を説くのではない。

　ただ宗教が、ひとりよがりのそういう世界に閉じこもったり、なまじそんな世界を知っていることによって〈増上慢《ぞうじょうまん》〉となったりするなら、それはそもそも宗教ではなくなるだろう。〈カルト〉とか〈邪教〉といった言葉が、単に憎しみを込めてわけも分からずに使われる場合がある。しかし人々は実のところ、宗教とカルトの区別があるのかどうか分からず不安なのである。区別はどこにあるか。それはそこにこそある。すなわち憎しみによって排除する者こそカルトとして排除されなければならないのである。〈憎しみの原理〉とは唯物原理であり、それは何ものも生み出すことのない閉塞の原理、時代遅れの原理だということは繰り返し述べてきた。〈憎しみの原理〉に代わるべきものは、生命の原理すなわち〈愛の原理〉である。〈愛〉とは、おのれのすべてを与え尽くし、すべての他者を包摂し吸収する巨大な「癒し」の力のことである。この究極の力に拠り所を置き、かつそれを目指すのでなければ、それを宗教と呼ぶことはできないのである。あえて〈宗教〉と

〈邪教〉を区別せよと言うなら、区別はそこにこそあるであろう。

宗教は来世を説くであろう。けれども神の存在証明が要らないというのと同じ意味で、来世の存在証明は要らないのである。なぜなら人間の唯一の努力目標が、生も死も、現世も来世も、神も人をも超えた、究極の価値である絶対的〈愛〉であるとすれば、それは生と死の区別も、現世と来世の区別も無化するからである。来世があるから生きつづけるのでなく、人間としての永遠の義務があるからこそ来世があり、不死があるのだと考えたい。倫理というものの究極の意味はそこにあるのである。すなわち人としてなすべきことの永遠性にこそあるのである。私は絶対的静寂として考えられたニルヴァーナというものを信じたくない。なぜなら私という存在は、私の努力の中にしかないからである。

終わりなき成長

人間的・「人間学」的事実——という言い方をなぜするのかについて、最後に説明しておきたい。人間的とは、人間のもつ自然の要求としての、という意味であり、「人間学」的とは、学的要求としての、という意味である。心の世界が拡大し、認識が精度を増し高度になっていけば、それに伴って〈神〉の概念も変わっていくはずである。最終的な言葉とか、最終的な啓示などというものは、人間が生きつづける限り、ないと考えるのが自然な考え方であろう。宇宙そのものが生きて成長しつづける限り、何によらず「最終的」などというものはないのだから、宗教にも「最終的」なものはないはずである。

人間的・「人間学」的事実としての〈神〉というとき、それは人間とともに成長するはずの、その時代が考えうる最高の仮説としての〈神〉という意味である。だから各宗教は、自分が成長過程にあるという自覚をもたなければならないのであり、そのように自覚する宗教だけが生きているのである。極言すれば、そのような自覚を持たぬ宗教は邪教である。人間でも頭の上のちょん切れた、成長の止まった人間は行き場がなくて仲間どうし喧嘩をしなければならないように、宗教も、これ以上発展も成長もできず、つまりその気がなく、「伝統」を墨守するだけが仕事であるというような宗教は、勢い喧嘩をせずにはいられないだろう。そのような宗教は「生命原理」でなく「物質原理」に立つものであって、それでは宗教の自己否定である。

二十一世紀の人類の最大の課題は、宗教統一であるといって過言でない。なぜ最大かといえば、私は無神論・唯物論をも宗教としてそこに含めるからである。宗教を人間の根拠・根源の自覚の問題と考える以上、そういうことになる。それなくして何一つ人類の問題は解決しないといってよい。そんなことをしたら各民族・各文化の独自性や伝統が失われるではないか、と言う人々に申し上げる。文化や伝統の個性・独自性は、それをもつ人々の間で、その人々とともに生きている限りにおいてのみ意味を持つのである。生きるということは成長するということである。未来へ向かって自己実現をしていくことである。そのための伝統であり、そのための文化でなければなるまい。そのために役立たないような、足を引っ張るだけの代物なら捨てればよいのである。なんの未練があるものか。我々は博物館趣味で一生をおくるほど、無責任に生きているわけではないのである。

各宗教はそれが発生した歴史的背景、政治的条件、風土的条件のみならず、言語、風習、文化がそれぞれ全部違うのだから、その外形が著しく異なるのは当然である。外形だけを見ていれば、共通点がないかのようにみえることもあるだろう。だからそこに共通点を見出す努力をしなければならないのは言うまでもない。けれども共通点を見出す努力よりもっと大切なのは、自己を発展途上、成長途上にあるものと認識することであろう。よくこれを山登りにたとえることがある。各宗教はその登山路がそれぞれ全部違うのだが、目指す山頂は同じであると言われる。まことにその通りであろう。生きた独自の伝統をもつそれぞれの宗教や文化の、成長や脱皮の結果が、一点に会するということであればよいのである。成長の延長線上にその一点がどうしても見えてこないような文化や伝統なら、それは登山をやめて下りるよりほかあるまい。前にも言ったように、数学は一つであって、世界に通用しない日本独自の数学などというものはナンセンスである。

では、山頂で各宗派・教派がいつか手をつなぐときがあるとして、そのとき人間の向上の努力は終わるのだろうか。決して終わらないし、終わってはならない。人類の本格的な努力は、むしろそこから始まると考えるべきだろう。なぜなら今言った通り、人間がこの世に生きつづける限り、最終的な啓示というものはないはずだからである。「啓示」や「天啓」がなくなるというときは、人間が生きる努力、成長の努力をやめたときである。求めようとする熱意がなくなれば、それに呼応して〈天〉から啓《ひら》き与えられるものもなくなるはずなのである。

注

第一章

（1）『意識の再編——宗教・科学・芸術の統一理論を求めて』（勁草書房、一九九二）、第二章2「存在のヒエラルキー・モデル」及び4「芸術作品の階層構造、創造の原理」参照。この旧著に掲げた図をここに再録して読者の理解に資することにしたい。なお、本書第一章11においても詳しく論じている。

1．上位レベルの存在様式は下位レベルの存在様式を含む（下降は容易である）。

2．下位レベルは上位レベルを含むことはできない（下から上へは不連続であって飛躍しなければならない）。

3．各レベルはそれぞれ自律性を持つ独立系であるが、自らの存在の意味・目的・方向

存在のヒエラルキー・モデル

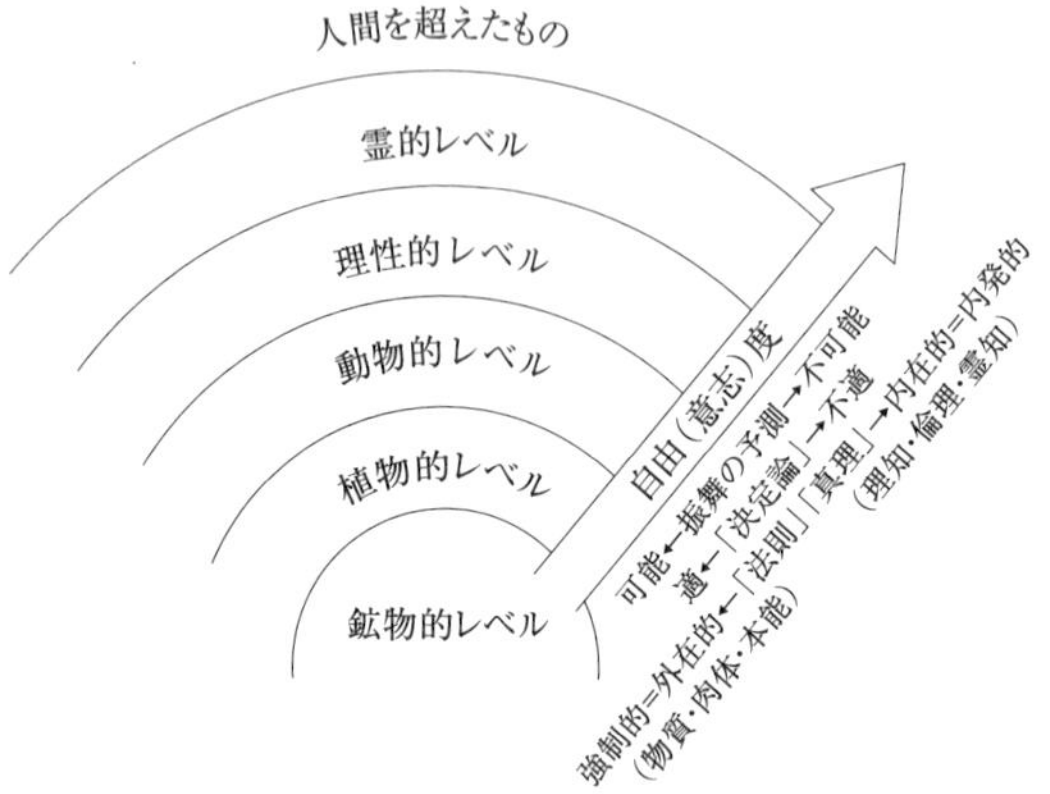

性は上からしか与えられない（自分自身の存在の意味を説明することはできない）。

Blakeの “The Sick Rose”

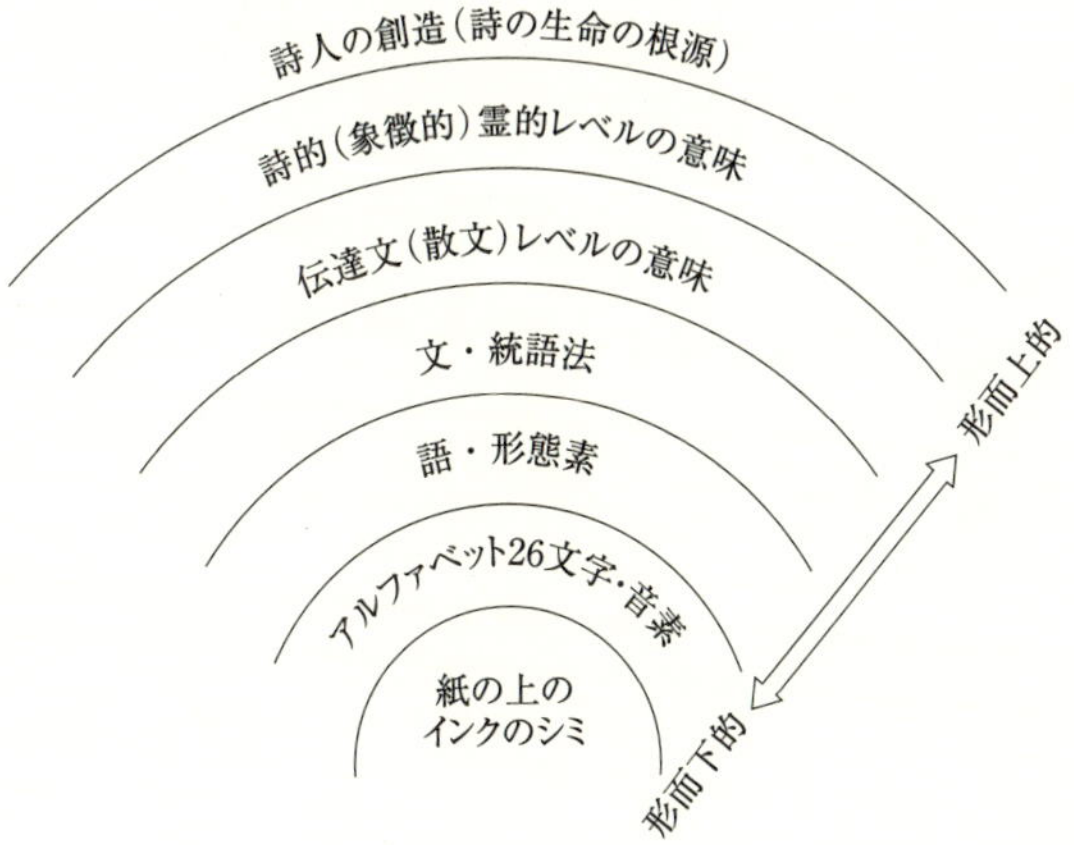

The Sick Rose

O Rose, thou art sick!
The invisible worm
That flies in the night,
In the howling storm,

Has found out thy bed
Of crimson joy,
And his dark secret love
Does thy life destroy.

（2）同書、第二章3「生命体としての人間の階層構造、第三の公理」参照。

生命体としての人間

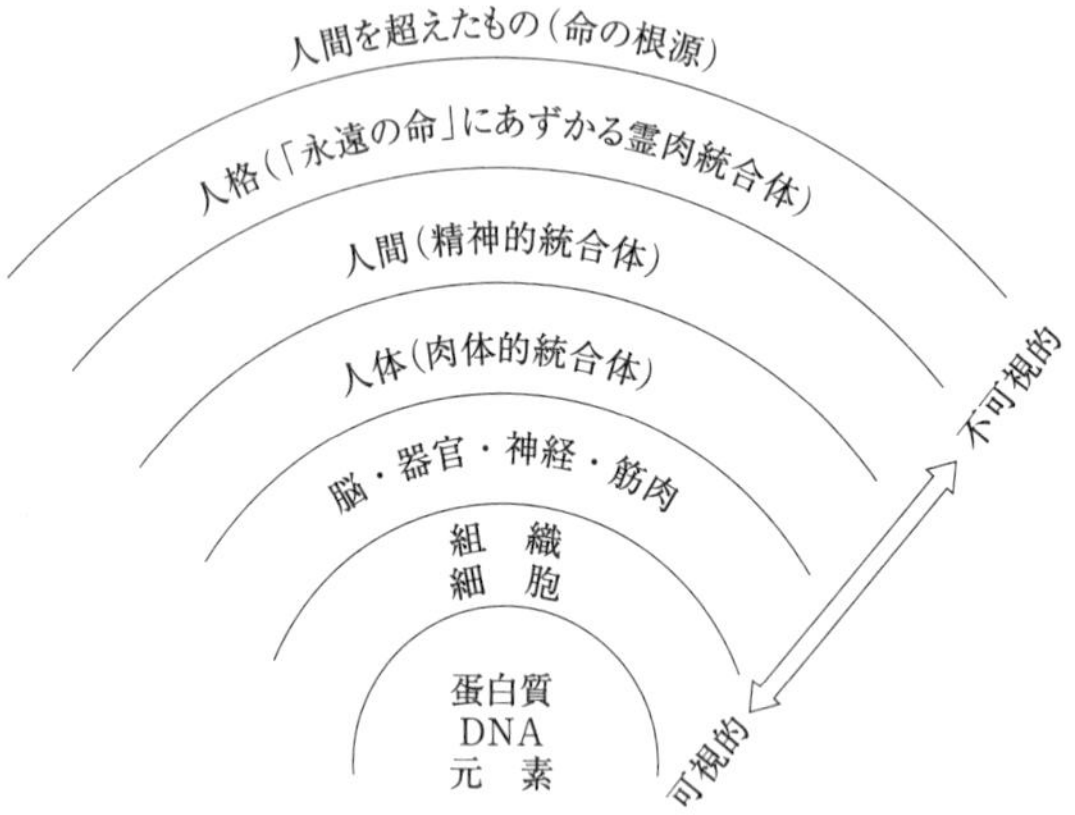

(3) ワイルダー・ペンフィールド『脳と心の正体』(塚田、山河訳、法政大学出版局、一九八七)、J・C・エックルス、D・N・ロビンソン『心は脳を超える』(大村裕他訳、紀伊國屋書店、一九八九)、B・ブラウン『スーパーマインド』(橋口英俊他訳、紀伊國屋書店、一九八三)等、参照。

(4) Paul Davies, *The Mind of God* (Penguin Books, 1992), p.232.(渡辺訳)。邦訳なし。

（5） David Bohm, *Wholeness and the Implicate Order*（Ark Paperbacks, 1983）, p.212.（渡辺訳）。邦訳『全体性と内蔵秩序』（井上忠他訳、青土社、一九九六）がある。

（6） Paul Davies, *The Cosmic Blueprint*（Simon & Schuster, 1989）, p.200. この本は Penguin Books に入っている。邦訳なし。ちなみに、渡辺編注の大学用教科書版がある（京都あぽろん社、一九九五）。

（7） 李相憲『金日成主体思想の批判』（光言社、一九九〇）二〇頁、一〇六頁。

（8）「人間原理」Anthropic Principle とは、宇宙の物理法則や物理常数のすべてが、人間の存在を可能ならしめるように最初から「微調整」されているとする原理。本書でいう「未来からの強制」に当たるだろう。物理学者のポール・デイヴィスはこう言っている――「この問題〔神がこのように宇宙を計画した目的は何かという問題〕に対する答えを求めるに当たって考慮しなければならないのは、『人間原理』とか生命体の要求するものに関連して挙げてきた多くの〈偶然の一致〉である。宇宙で意識をもった生命が将来現れてくるとしたら必要な自然法則のあきらかな〈微調整〉は、したがって、神はそのような生命や意識が現れるのを可能にするように、この宇宙を設計したというあきらかな意味をもつことになる。それはこの宇宙での我々の存在は神の計画の中心的な部分を占めたということを意味するだろう」（*The Mind of God*, p.213.）。

　参考文献として、Barrow & Tipler, *The Anthropic Cosmological Principle*（Oxford University Press, 1986）, Hugh Ross, *The Creator and the Cosmos: How the Greatest Scientific Discoveries of the Century Reveal God*（Nav Press, 1995）, Patrick Glynn, *God: The Evidence*（Prima Forum, 1999）などがある。

（9）「……自然に関する経験は、人間に関する経験ときわめて似ていると言うこともできる。じっさいわれわれが他人に近づくときを考えてみよう。そのとき、その人は『敵』であり防御しなければならないという固定的な『理論』をわれわれが持っていたとしたらどうだろうか。その人もまた同じように反応するだろう。するとこのとき、われわれの『理論』はあたかも経験によって検証されたかのようにみえることになる。そして人間と同様に、自然もそれに接近する理論に応じて反応する」（D・ボーム『全体性と内蔵秩序』三二頁）

（10）注（1）（2）の図参照。

（11）南アフリカの哲学者J・C・スマッツが『全体論と進化』（*Holism and Evolution*, **1926**）において初めて用いた。

（12）李洪志（一九五一〜　）を教祖として一九九二年頃から中国を中心に活動している「気功」集団。現在、中国政府はこれを邪教として徹底的に弾圧している。仏教の「法」も道教の「道」も、宇宙の特性である「真・善・忍」の異なった次元での表現であると説く。「忍」が強調されるところに特色がある。人間の「徳」の力による高い「心性」レベルの開発の可能性と、人間の倫理の目標がすなわち宇宙の特質そのものであると説く点で、本書の仮説をサポートしてくれるところがあると思っている。参考文献として手っ取り早いのは、李洪志『転法輪』（ナカニシヤ出版、一九九九）であろう。

（13）ニコライ・ベルジャーエフ『歴史の意味』（氷上英広訳、白水社、一九九八）一八八頁。

第二章

（1）アーサー・ケストラー編『還元主義を超えて』（池田善昭監訳、工作舎、一九八四）五一七頁。

（2）エリッヒ・ヤンツ『自己組織化する宇宙』（芹沢、内田訳、工作舎、一九八六）四一頁。
（3）Simone Weil, "God in Plato"（"Dieu dans Platon"）quoted in I. Dilman, *Free Will*（Routledge, 1999）, p.46.（渡辺訳）
（4）Shakespeare, *Hamlet*, V. ii. 346—9.（渡辺訳）
（5）John Milton, Sonnet : "When I consider how my light is spent"（渡辺訳）
（6）アラン・ブルーム『アメリカン・マインドの終焉』（菅野盾樹訳、みすず書房、一九八八）七一頁。
「……ロック・ミュージックは性欲に訴えかけるための一つの手段、それも野蛮な手段にすぎない。愛でもなければ〈エロス〉でもなく、陶冶されていない未熟な性欲が相手なのだ。子供たちに目覚めかけた官能が最初に発散するのを察知すると、ロック・ミュージックはこれを表に連れ出し、大っぴらに公認しながら真顔で語りかける——『これは大輪の花を咲かせるために注意深く世話をしなければならない小さな新芽ではない。ありのままの現実なのだ』と。子供たちが親から『大きくなって理解できるまで待ちなさい』と言い聞かされてきたすべてのものを、ロックは娯楽産業の世間的威光を総動員し、銀盤にのせて提供するのである。

若者はロックが性行為のビートであるのを知っている。若者に知れわたり人気のあるクラシック音楽がラヴェルの『ボレロ』である理由もここにある。いくらかの本物の芸術に大量の似非芸術を混ぜいれた巨大産業が、セックスと直結した狂躁気分をあおりたて、若者の旺盛な食欲をみたそうと新鮮な食糧をたえず洪水のように送り込んでいる。もっぱら子供向けに誂《あつら》えられた芸術の形態など、あったためしがない」
（7）『シモーヌ・ヴェーユ著作集Ⅴ、根をもつこと』（山崎他訳、春秋社、一九六七）四五～六頁。

第三章

（1）西田幾多郎『善の研究』（岩波文庫、一九五〇）一八六～七頁。
（2）カント『実践理性批判』（波多野他訳、岩波文庫、一九七九）三一七頁。
（3）同書、二〇五～六頁、二九二～三頁。
（4）*Collected Poems of W. B. Yeats*（Macmillan, 1971）, p.330. *Supernatural Songs* V "Ribh considers Christian Love insufficient."（渡辺訳）
（5）*Collected Poems and Plays of T. S. Eliot*（Faber and Faber, 1969）, p.181. *Four Quartets* "East Coker" IV（渡辺訳）
（6）W. B. Yeats, *Mythologies*（Macmillan, Papermac Yeats, 1989）, p.331.
（7）*Collected Poems and Plays of T. S. Eliot*, p.186. *Four Quartets* "The Dry Salvages" II（渡辺訳）
（8）カント『道徳形而上学原論』（篠田英雄訳、岩波文庫、一九七六）八六頁、一二八頁。
（9）*Collected Poems of W. B. Yeats*, pp.283–84. "Vacillation" IV（渡辺訳）
（10）ドストエーフスキイ『カラマーゾフの兄弟、第二巻』（米川正夫訳、岩波文庫、一九五七）二九九～三〇〇頁。
（11）A・H・マスロー『創造的人間』（佐藤、佐藤訳、誠信書房、一九七二）九〇頁、八七頁。
（12）同書、八三頁。
（13）同書、四一頁。
（14）同書、二九～三〇頁。訳文一部変更。

（※）補足として「二つのパラダイムの視覚図」を掲載しておく。

創造論（生命論）的宇宙像

宇宙の歴史：「生命=意識」の目覚めていく過程 ＝ 心の開かれていく過程
＝ 潜在する生命の発現と高度化の過程
（「花のように開かれていく」）

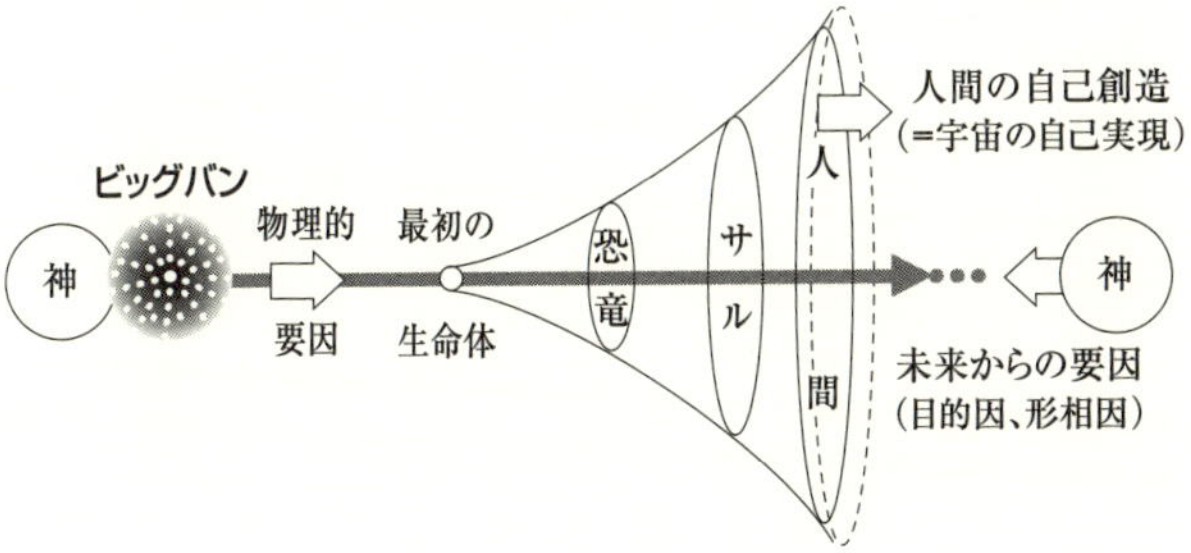

機械論（唯物論）的宇宙像

宇宙の歴史：物理的要因のみによるシステム複雑化の過程

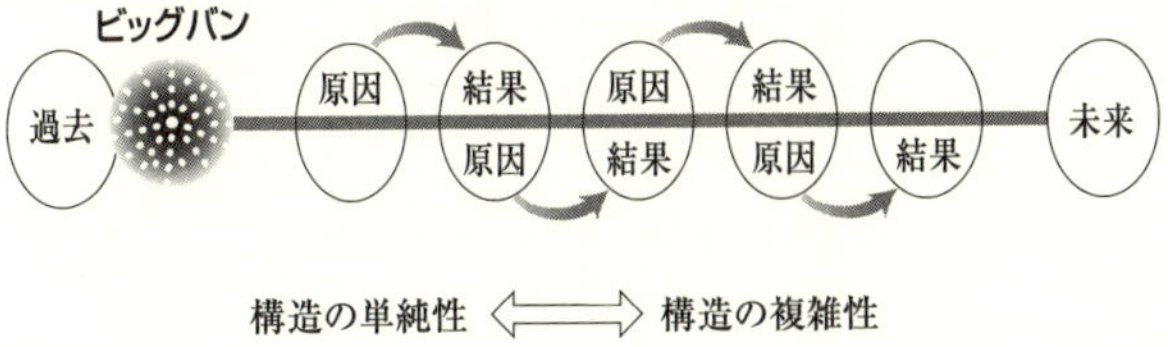

あとがき

本書は、前著『意識の再編——宗教・科学・芸術の統一理論を求めて』（勁草書房、一九九二）以来の、私の初めてのまとまった著作である。これはその発展的産物であって、私の考えは基本的には全く変わっていないと言ってよい。だから前著を繰り返しているようなところもかなりある。だが、ここ数年のあいだに、倫理という問題を中心にして私の考えを新たに構築してみたいという思いが熟してくるとともに、それによって私がささやかながらかかわっている世直し運動のための、理論的根拠を提供することもできるのではないかと考えるようになった。この構想のためには「人間学」というべきものによる基礎付けが必要であった。その点でこれは哲学書としての性格を持つ。が、しかしいわゆる堅い本ではなく、ご覧の通り、自由気ままに展開するエッセイとも、私の信仰告白とも言えるものである。

私は前著からこの本を書くまでの間に、何も書かなかったわけではない。専門の英米文学の論文は別にして、本書の内容に関連するかなり多くの論文やエッセイや断片的文章を書いている。本書には、そういったものから取り入れた部分がかなりあることを断っておきたい。

まず一九九三年から一九九五年にかけて、大本山総持寺出版部から出ている月刊誌「跳龍」に、二十四回にわたって〈現代に宗教は可能か〉という総題のもとに——これは私のつけた題ではない

――一回分十枚ずつのエッセイを書かせていただいた。このときに考えたことのいくつかが膨らんで本書に取り込まれている。

また、一九九四年から現在までの間に、日刊紙「世界日報」の〈ビューポイント〉欄に、常連寄稿者として書かせていただいた三十数篇（四枚半ずつ）のエッセイがあり、これと重複する部分もかなりある。その他、「宗教新聞」の〈世相みたまま〉というコラムに書いたものや「京大学生新聞」の連載記事などもそこに含まれる。

もう一つ私にとって重要なのは、京都大学総合人間学部の第一回公開講座の内容をまとめた『現代における人間と宗教』（京都大学学術出版会、一九九六）に収められた「転換期における宗教的自覚」というかなり長い論文で、この内容も大幅に取り込まれている。

私はこの本を、小説を書くようにこの通りの順序で書いた。だからこの通りの順序で読まれることを期待するが、第二章あるいは第三章からの方が読み易いかもしれない。私は同じことを何度も繰り返しながら（時には前に書いたことを忘れて）、読者にも私自身にも念を押しながら書き進んでいる。これはこの種の本の常套的な書き方だと私は理解している。哲学書を読んでいるとくどいと思うが、自分で書いてみるとそれが必要なことがわかるのである。序章にも述べたように、本書は学的厳密さを期するために、かなり難しい部分を含んでいるかもしれないことは認めなければならない。一つには、『意識の再編』との重複を避けるために、説明が不十分になったということもある。私としては、できればこの旧著の理論篇である第二章を併せ読んでいただきたいと思う。けれども、かりに難しいところを飛ばして読んでいただいても、全体としての単純な本書の主張は誰にでも分かってもらえるものと確信している。

このあとがきを最初に読まれる方のためにも言っておきたいのだが、私の言いたいことの核心は小学生にもわかるはずのことである。すなわち、生命のもとはやはり生命だということ、我々人間は偶然の産物、〈出来チャッタ＝存在〉——ハイデガーの用語をもじって——などではないということ、一人ひとりが使命をもって生まれてきたということ、「君が悪いことをしたときはすべて君の責任であるが、君がよいことをしたときは、それは君の手柄ではない、〈天〉が君を使ってそうさせたのだ」というようなことだと言ってよい。ただ、私はこれをお説教として頭ごなしに言うのでなく、論理的にそうなるのだということを、事を分けて論証しようと試みただけである。

なお、最後につけ加えて言うと、この本を書き上げてから出版に漕ぎつけるまでに、一年以上の月日が流れている。ただその間、何人かの友人に原稿を読んでいただき、助言や感想を聞くことができたのは幸いであった。その方々には心からお礼を申し上げたい。紆余曲折の後、結局、世界日報社のご厚意によって日の目を見ることになったが、出版部の渡辺茂氏という私の思想のよき理解者の手をわずらわせることになったのは、私にとってまことに幸運であったと思っている。氏の適切な示唆によって本書が少なからず改善されることになったことに深く感謝を申し上げたい。

二〇〇一年十二月

渡辺　久義

渡辺 久義●わたなべ・ひさよし

1934年、岐阜県生まれ。京都大学文学部卒、同大学院文学研究科修士課程修了。京都大学総合人間学部教授を経て、現在、摂南大学国際言語文化学部教授、京都大学名誉教授。

[主な著書]『ヘンリー・ジェイムズの言語』(北星堂)、『イェイツ』(あぽろん社)、『意識の再編——宗教・科学・芸術の統一理論を求めて』(勁草書房)。Cady & Budd (ed.), *On Henry James: The Best from "American Literature"* (Duke University Press, 共著)

[現住所] 〒611-0044 宇治市伊勢田町名木 1-1-266

本書を読まれてのご意見・ご感想をお寄せ下さい。
メール・アドレス：publi@worldtimes.co.jp

善く生きる
——「人間学」の基礎と倫理の根拠

平成十四年五月十五日　第一刷発行

著　者●渡辺　久義

発行所●㈱世界日報社
〒150-8345
東京都渋谷区宇田川町12—9
電話03(3476)3411代表
電話&FAX03(3476)2157出版部

印　刷●中央精版印刷㈱

組　版●菅野政弘
表紙デザイン●小田静

乱丁・落丁本はお取り替え致します。お買い求めの書店か弊社出版部へお申し出ください。定価はカバーに表示してあります。

ISBN 4-88201-075-5 C0012